I0135425

L7K
1053

NOTRE-DAME

DE

BON-ENCONTRE.

Lk 10,3

NOTRE-DAME

DE

BON-ENCONTRE.

Venite ad sanctuarium Domini,
quod sanctificavit,
Venez au sanctuaire que Dieu a sanctifié.
Paral. 30.

AGEN,

IMPRIMERIE DE PROSPER NOUBEL.

—

1842.

AVERTISSEMENT.

Faire connaître un sanctuaire privilégié de MARIE, c'est travailler au bonheur des hommes : on leur indique un canal des grâces et des faveurs célestes, et on les invite à devenir meilleurs pour y puiser : Marie n'écoute point la voix de ceux qui ne marchent point, ou qui n'ont pas l'intention de marcher dans le chemin de la vertu.

Chaque contrée a sa *Notre-Dame*, où la reconnaissance des peuples vient proclamer à haute voix la bienfaisance que Dieu se plait à y déployer. Que de malades y trouvent la santé ! et si la santé n'est pas utile au salut, combien en rapportent la résignation, qui, aux yeux de la foi, est une guérison réelle ! Au pied de l'autel de Marie, la vertu puise des forces nouvelles ; la charité conçoit des œuvres, des projets plus généreux ; le vice rougit en présence de la plus pure des vierges. Là les liens de la famille se resserrent : le pèlerin ne se retire point sans avoir recommandé à sa patronne tous ceux qui lui sont chers. Qui dira le nombre des Augustin, dont la prière d'une mère a obtenu le retour à la vertu ? Combien de parents ont dû l'honneur ou la paix de leur famille aux faveurs que leurs enfants y ont trouvées ! Combien ont dû la religion et l'espérance de leurs dernières années, aux prières persévérantes de la piété filiale, dans le sanctuaire de Marie !

Nous aussi, nous avons le bonheur d'avoir un sanctuaire, bien digne de notre respect, et où la Vierge écoute favorablement nos prières. Dans un moment où la dévotion à Marie se ranime dans toute la France, produit tous les jours des merveilles, où véritablement elle est l'astre qui guide les élus de ce siècle vers la patrie céleste, pourquoi ne pas montrer son éclat, auquel le salut de tant d'ames est attaché ? Il y aurait de l'ingratitude à laisser dans l'oubli les faveurs dont la mère de Dieu a honoré nos contrées. Présentons donc tout ce qui peut éclairer des esprits prévenus, et ranimer la confiance de ceux qui aiment Marie. Transmettons cet héritage avec ses titres, ses chartes, ses lettres patentes à ceux qui viendront après nous.

Pour recueillir les souvenirs de Notre-Dame de Bon-Encontre, nous avons eu à notre disposition plusieurs pièces authen--

tiques, et une ancienne histoire (1) où les premiers temps de cette dévotion sont décrits avec une aimable simplicité. Nous ne rapporterons rien dont nous n'ayons quelques monuments sous les yeux, ou de bons témoignages. Cependant nous ne prétendons pas imposer la croyance ; mais nous assurons que, si le lecteur à qui cette histoire ne paraîtra pas digne de foi, avait des titres aussi certains sur une belle propriété, il se croirait autorisé à s'en mettre aussitôt en possession, quelque peu de penchant qu'il eût d'ailleurs à la crédulité. L'Église catholique seule a le droit de dire : Croyez, ou renoncez aux espérances éternelles : mais l'historien, environné de témoignages, peut dire : Pourquoi ne croiriez-vous pas ?

---

(1) *L'heureux Rencontre du Ciel et de la Terre*, par le R. P. Vincent, de Rouen, religieux du Tiers-Ordre de Saint-François, imprimé en 1642, à Toulouse.

NOTRE-DAME

DE

BON-ENCONTRE.

❖◇◇◇◇◇◇◇◇◇◇◇◇◇ ◇◇◇◇◇◇◇◇◇◇◇◇◇◇◇❖

CHAPITRE PREMIER.

❖❖❖

INVENTION DE LA SAINTE IMAGE.

————

A une des extrémités de la plaine qui bai-
gne la Garonne, au pied du coteau qui s'élève
au nord, on voyait le petit village de Pau, à
une lieue environ à l'est d'Agen. Ce village
dépendait de la paroisse de Sainte-Radegonde.
Entre autres familles qui l'habitaient, une par
ses vertus avait attiré les regards du Ciel, et
elle allait devenir l'instrument de bien des

grâces. C'était celle de Jean Frassinet (1), laboureur, assez accommodé des biens de la fortune. Quand Dieu veut faire éclater de grandes miséricordes, il ne choisit pas d'ordinaire, pour en être les ministres, des hommes distingués par ce qui brille aux yeux du monde : cependant ceux que le siècle admire ne sont pas exclus de ses faveurs ; mais les prémices ne sont pas pour eux. Frassinet voyait autour de lui sept enfants dont la soumission et le respect faisaient le charme et l'honneur de sa vie ; car l'enfant sage est la couronne du père. Trois se vouèrent à Dieu dans la sainte milice : l'un fut recteur de Sainte-Radegonde ; les deux autres entrèrent dans le couvent des R. P. Carmes de la ville d'Agen. Les quatre autres aidaient leur père dans les travaux ordinaires de sa profession. Le plus jeune, plein de modestie et de candeur, conduisait les

---

(1) C'est l'orthographe de la prononciation vulgaire. Le chroniqueur Labrunie écrit Fraissinet, comme on le trouve aussi dans les anciens papiers de la famille. La légère altération, qui s'est introduite depuis, provient d'un différend entre deux frères. Cependant nous conserverons l'orthographe observée par le premier historien de Notre-Dame.

troupeaux au pâturage, et le plus souvent, dans les prairies voisines, qu'on appela long-temps encore *les prés des granges* (1).

C'est aux mains innocentes de cet enfant que le Ciel va confier un dépôt, gage assuré de la protection de Dieu sur son peuple. Écoutons le vieux historien : « Continuant cet exercice qui était celui des saints patriarches, il s'aperçut plusieurs fois qu'aussitôt qu'il ouvrait la porte de l'étable, un de ses bœufs s'écartait de la troupe, et se jetait par terre contre un buisson hérissé de ronces et d'épines, qui bornait un champ qui appartenait en ce temps à son père; et parce que ce n'est pas le propre de ces animaux de se reposer avant que de repaître, et qu'ils ne ruminent pas avant d'avoir pris leur pâture ordinaire, la nouveauté lui fit naître le désir de savoir ce qui pouvait attirer l'animal en ce lieu : si bien que s'étant résolu de le suivre, il le trouva couché près du buisson, dans l'épaisseur duquel il aperçut une petite image de la Vierge,

---

(1) On ignore le temps précis de cet événement : on sait seulement qu'il eut lieu vers la fin du règne de Louis XII.

tenant son divin Enfant entre ses bras, formée de terre cuite, environ de la grandeur d'un pied, devant laquelle cet animal, ayant la tête penchée contre terre, semblait rendre les hommages dont il était capable à la Mère de Dieu. Le jeune garçon jette les mains où il avait déjà le cœur et le désir, et prend la sainte image avec une joie tout extraordinaire. Ne pouvant la contenir en soi-même, il la voulut communiquer à la personne que la nature obligeait d'aimer plus tendrement; il la porta promptement à sa mère, *accompagné du bœuf.* »

« La bonne femme reçoit entre ses mains le gage sacré de l'amour du Fils et de la Mère, qu'elle pouvait appeler justement l'image de ses Dieux tutélaires, et des auteurs de ses bonnes fortunes. Elle s'écrie en la baisant : Eh ! Dieu nous donne *bonne encontre !* La sainte Vierge, voulant que la bouche de cette simple femme lui donnât dès lors un nouveau titre, et que sa parole, imposant un nom à son image, échangeât celui que le village avait toujours porté. Elle s'informe en quel lieu de sa terre, et de quelle façon il avait trouvé cette faveur du Ciel. L'enfant lui raconte avec la naïveté naturelle à cet âge ce que nous avons dit, cependant que le bœuf confirmait à sa mode la déposition. »

« La simple paysanne, ravie de toutes ces merveilles, arrosait de ses larmes cette petite pièce de terre, qui devait rapporter à tant de peuples une grande moisson de bénédictions; et après avoir contenté les premiers sentiments de sa dévotion, elle consigna ce joyau précieux à la garde d'un coffre, qu'elle ferma avec beaucoup de soin, attendant le retour de Vêpres avec impatience, pour rendre son mari et le reste de la famille participants de son contentement. »

CHAPITRE II.

❈

PREMIÈRE TRANSLATION DE LA SAINTE IMAGE.

La nuit ramena dans leur maison le père et les enfants. Le recteur même, qui n'avait d'autre logement que celui de la famille, s'y trouva avec les autres. « La bonne mère (1) cependant, qui avait le cœur où elle avait enfermé son trésor, et rien en la pensée que ce qu'elle avait caché dedans son coffre, croyant ne pouvoir faire meilleure chère à toute la famille, qu'en lui faisant part de la joie de son ame, lui raconte le bonheur qui lui était échu : et pour repaître leurs yeux aussi bien que leurs

_____

(1) Ancienne Histoire, p. 34-5.

oreilles de la vue de ce nouveau trésor , elle ouvre son coffre pour le tirer dehors, et mettre en évidence ce que Dieu lui avait donné miraculeusement. Mais , ô triste changement de fortune !... elle cherche envain le désir de ses yeux ; elle allume inutilement la lampe pour retrouver sa drachme qui s'était égarée ; elle doute si ce qui s'est passé entre elle et son fils n'a point été un songe ; et puis incontinent, elle juge ses yeux indignes de voir ce qu'elle sait assurément avoir reçu de lui. Tantôt elle craint de n'avoir pas bien fermé son coffre ; que ce défaut n'ait donné l'occasion à quelqu'un de mettre la main dans son trésor ; puis elle s'assure aussitôt du contraire , et sa mémoire la fait ressouvenir que l'aise ne l'avait point tellement transportée , qu'elle n'eût fait tout ce qu'elle devait pour en conserver la cause. »

Le trésor n'était point pour la famille seule : mais les dons de Dieu doivent être achetés par quelques épreuves. La bonne mère se désolait, ignorant les desseins de la Providence. Ses plaintes, ses pleurs attendrissaient le père et les enfants, et leur faisait ajouter foi à l'aventure merveilleuse dont elle ne pouvait ap-

porter pour preuve que des regrets et des larmes. L'enfant joignait son témoignage à celui
de la mère et recommençait son récit.

Au milieu de l'admiration, de la douleur et
des larmes, la nuit s'était déjà avancée, nuit
triste, nuit qui n'apportait point de repos. Son
silence et ses ténèbres favorisaient les pensées
diverses qui se succédaient dans l'esprit de
tous, mais surtout dans celui de la mère. Peut-
être était-ce une punition de ses fautes... peut-
être dans sa joie s'était-il mêlé quelque sentiment trop humain, peut-être de la vanité...;
et la Vierge, si humble et si pure avait fui de
sa maison, indigne de lui servir d'asile... Le
sommeil ne ferma point ses paupières; et quand
le retour de l'aurore annonça le moment de
prier, la mère, la confusion sur le front, n'o-
sait adresser la salutation de l'Ange à la Vierge Marie qu'elle croyait irritée.

CHAPITRE III.

NOUVELLE INVENTION DE LA SAINTE IMAGE.

L'homme dès le principe fut condamné au travail. Malheur à celui pour qui le soleil ramène un jour dont il ne saura que faire; son ame est semblable à l'ouvrier qui a le loisir et point de travail, et qui languit d'ennui et de faim ! Heureux celui dont tous les instans sont employés à un travail utile ! Il gagne l'amitié de Dieu en subissant avec respect la sentence portée contre tous les hommes, et son cœur ne connaît point cette sécheresse et cette langueur qui ravagent le cœur de l'homme oisif. La pieuse famille conservait son innocence dans le travail ; et quand le moment fut venu,

chacun reprit sa tâche. « Le jeune garçon (1),
pour s'acquitter de la sienne, tire à son ordinaire son bétail de l'étable, croyant qu'il ne
serait plus en peine de courir après son bœuf
pour le ranger avec les autres dedans le pâturage. Ce fut en ce point qu'il se vit heureusement trompé; car cet animal ayant pris avec
une merveilleuse vitesse sa course accoutumée,
il se prosterna, comme les autres fois, auprès
de son buisson pour y rendre ses hommages à
la sainte figure de la Mère de Dieu qu'une
puissance extraordinaire y avait transportée
miraculeusement. »

« L'enfant crut aussitôt que ce n'était point
envain que la bête retournait en ce lieu, et
qu'elle lui servait encore une fois de guide
pour lui faire trouver l'objet de la joie et de
la tristesse de toute sa famille. Il y court
promptement et rencontre plus heureusement
ce qu'il croyait perdu. L'allégresse lui met
les ailes aux pieds pour en aller avertir son
frère le recteur, qui n'était point encore sorti
de la maison. Il y vient avec toute la diligen-
ce qu'on peut s'imaginer; et ses yeux ayant

---

(1) Ancienne Histoire, p. 37-8.

eu la consolation de voir cette merveille dont
les oreilles avaient appris les premières nouvelles, il prend la sainte image avec beaucoup
de révérence ; et jugeant bien qu'une maison
commune était indigne de la possession de
ce sacré dépôt, il la porte en son église de
Sainte-Radegonde et la pose dessus le grand
autel, comme s'il eût voulu consigner l'image
de la mère à la garde du fils ; et puisque ayant
offert le sacrifice de l'agneau sans macule à
son Père éternel, en l'honneur de Marie, pour
actions de grâces d'un si grand bénéfice, il
ferme les portes de l'église et retourne chez soi
pour se réjouir avec son père et ses frères de
la nouvelle faveur que Dieu leur avait faite. »

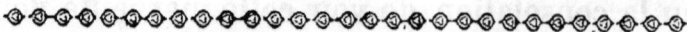

❖❖❖❖❖❖❖❖❖❖❖❖❖❖❖❖❖❖❖❖❖❖❖❖❖

CHAPITRE IV.

❀

DEUXIÈME TRANSLATION DE LA SAINTE IMAGE.

———

Ecoutons encore l'ancien historien : « Le pieux recteur croyait que l'image de la Mère reposait en assurance en la maison du Fils, et que le temple qu'il honorait de la présence réelle et véritable de son précieux corps, pouvait bien encore loger cette figure. Mais Dieu dont les desseins sont au-dessus de la pensée de l'homme, ordonna qu'elle fût de rechef transportée au même lieu auquel elle avait été trouvée pour la seconde fois. De manière qu'étant allé le lendemain dans son église, pour célébrer la messe, il n'y trouva plus ce qu'il savait très-bien y avoir enfermé; ét se condamnant soi-même ou de son indignité ou du peu de cérémonie qu'il avait apporté à la translation de cette sainte image, il concevait encore quelque peu d'espérance de la retrouver de rechef en sa première place.

« Il ne fut point trompé dans sa pensée. Car à peine avait-il consommé le divin sacrifice, que son jeune frère, entrant dedans l'église, lui raconte que, suivant les pistes de son bœuf, il l'avait encore trouvé prosterné devant la même image; et que l'ayant laissé pour la garde de ce dépôt du Ciel, il était venu lui en donner avis, afin qu'il délibérât ce qu'il en devait faire.

« Cette heureuse nouvelle ne lui donna pas moins de consolation, que ce transport miraculeux lui avait pu causer d'étonnement. Il se confirme dans la créance qu'il avait, que la sainte Vierge voulait qu'un plus grand nombre de personnes fussent témoins de ce nouveau prodige, et qu'on reconnût plus solennellement cette grâce particulière qu'elle faisait au peuple. Il fait ses diligences pour assembler ce qu'il peut de ceux de sa paroisse, qu'il dispose, par une simple exposition du fait, à suivre la procession qu'il fait marcher vers le lieu choisi par la Mère de Dieu. »

Le récit de cette merveille enflamme chacun du désir de la voir. « Les cœurs, dit l'ancien historien, vont plus vite que les pieds.» On arrive enfin, et le premier objet qui frappe les regards, c'est un bœuf prosterné devant un buisson. Tous tombent à genoux sur cette terre de prodiges; tous sont saisis d'une religieuse frayeur que tempère cependant la confiance. Ils se lèvent, et leurs yeux avides vont découvrir au milieu du buisson la statue de la Mère tout aimable, comme une rose parmi les épines. « Voilà donc celle qui a opéré tant de merveilles!... Elle ne se bornera pas là; quel bonheur!... quel avenir!...» Dans l'ardeur de son amour, la troupe se serait précipitée pour avoir la consolation de tenir dans ses mains l'image sainte, de la presser sur ses lèvres. Mais le recteur modère leur empressement, et avant de la lever de terre et la tirer « (1) du fond de ce buisson, il anime la simple piété de son peuple par une exhortation. Tous se fondent en larmes dans l'admiration de cette nou-

_____

(1) 41-2-3.

veauté, et dans les espérances qu'ils conçoivent des miséricordes que Dieu leur voulait faire. Enfin le dévotieux recteur la prend entre ses mains, l'approche de son cœur et de sa bouche avec beaucoup d'amour; et après avoir en quelque façon contenté ses désirs, il rend les assistants jouissants de la même faveur. Cela fait, la procession reprend le chemin vers l'église de Sainte-Radegonde. Ils chantent et pleurent tout ensemble. A voir leurs yeux, on dirait qu'ils font des funérailles; mais les cantiques de la bouche et l'air de leur visage témoignent qu'ils ne répandent que des larmes de joie. Ils jugent que leur petit village doit emporter la préférence sur la ville d'Agen, à cause de l'honneur que la Vierge lui fait. Chacun s'estime riche pour la part qu'il prétend en ce divin trésor... Ils portent cette arche d'alliance dans leur église, et croient que ce doit être le lieu de son repos, pour le reste des siècles. Le recteur la place de rechef sur l'autel, où il lui présenta avec son cœur et ses vœux, ceux de ses paroissiens. Il n'y en a pas un qui ne l'avoue, et qui ne sorte à regret de la maison de Dieu. Ils tournent souvent la vue, en retournant chez eux, vers le lieu duquel il

n'y avait que le corps qui se pût éloigner. Enfin chacun se rend en sa maison, avec de grandes espérances de jouir de tous les biens qu'ils
pouvaient justement désirer par les mérites
de celle qui s'était donnée à eux si favorablement. »

CHAPITRE V.

TROISIÈME TRANSLATION DE LA SAINTE IMAGE.

———

Quand Dieu veut opérer des merveilles, il les environne de preuves suffisantes qui en indiquent la source ; et s'il veut que les hommes y ajoutent foi, il ne demande qu'une croyance raisonnable. Les circonstances rapportées et celles qui restent à dire, sont ménagées de telle manière par sa providence, qu'on ne peut soupçonner ni vue d'intérêt, ni aucune espèce de fraude, ni possibilité de tromper. J'admire ces précautions divines, qui entassent incident sur incident, afin que l'homme simple puisse s'assurer de la vérité, sans avoir besoin d'une discussion savante dont il ne serait pas capable, mais par la vue seule des faits, ou en les entendant raconter à des témoins dignes de foi. Si la statue fût restée entre les mains de la bonne femme, la première fois que son fils la lui porta, qui aurait cru à un prodige? Mais quand la statue, remise dans le buisson par les mains des Anges, a disparu, une fois de la maison, une seconde fois de l'église, pour revenir toujours au même endroit, malgré toutes les précautions, les épreuves sont assez multipliées, le nombre des témoins assez grand pour satisfaire les plus difficiles. Mais Marie tenait à ôter tout motif d'incertitude du cœur de ceux qui devaient dans cet endroit lui offrir leurs vœux : il fallait encore de nouvelles épreuves, de nouveaux prodiges.

L'église de Sainte-Radegonde n'était pas le lieu que la Vierge avait choisi pour y rendre son nom vénérable. « L'image de ce beau lys, dit l'ancien historien, est transportée pour la troisième fois au milieu des épines. » Le recteur attendait avec impatience le retour de l'aurore. Pendant toute la nuit, des pensées de crainte et d'espérance s'étaient partagé son esprit. La statue avait à la vérité disparu une

fois de l'église; mais dans la seconde translation, il avait rendu la merveille aussi publique qu'il lui avait été possible, et il espérait
être entré dans les vues de Marie, qui ne voulait pas borner à quelques âmes les grâces
qui devaient découler de ses mains. Dans cette
incertitude, il se rend avec empressement à
l'église. Les portes en étaient bien fermées,
mais la statue n'était plus sur l'autel; et de
nouveau elle fut retrouvée dans le buisson.

Il devint dès lors évident que Dieu avait
choisi ce lieu pour y faire éclater la puissante
protection de Marie. Le pieux recteur aurait
cru aller contre sa volonté, que de trans-
porter encore la statue en quelque endroit
que ce fût. Mais que faire pour la placer
convenablement? Tant de merveilles sem-
blaient exiger une attention, un respect particulier. Faut-il lui élever un piédestal, une
chapelle? Marie exige-t-elle de la magnificence dans le culte qu'on lui rendra?... Le
prêtre était en souci; mais une chose pressait:
il fallait élever l'image au-dessus des buissons
qui la dérobaient à la vue. En attendant que
quelque événement manifestât la volonté de
Dieu, « le recteur, dit l'historien, supplia son

père et ses frères de lui charpenter une croix, avec une petite niche, environ sur le milieu de la croisée, qu'il planta en ce lieu, et dans laquelle il reposa l'image. » Quelle est belle l'idée de ce prêtre ! Jésus et Marie, c'est tout le trésor du chrétien : réunir à la croix l'image de Marie, c'est montrer à l'homme qui erre sur la mer de ce monde le phare où brille l'étoile qui conduit au port du salut.

CHAPITRE VI.

CONVERSION D'UN HÉRÉTIQUE.

La Rose mystique, élevée sur la tige de la Croix, exhalait son parfum à l'entour. Attirées par ces célestes émanations, les populations voisines s'empressaient d'accourir. Au pied de cette Croix elles venaient déposer leurs joies, leurs espérances, et plus souvent leurs peines. Elles sollicitaient du Ciel l'accomplissement des miséricordes qu'avaient annoncées tant de prodiges; et elles ne se retiraient jamais sans emporter l'objet de leur demande, ou l'espérance dans le cœur, ou du moins la résignation. Ainsi se réveillait la confiance en Marie. Mais ce n'était pas pour cette contrée seule qu'elle

venait établir ici sa demeure. Du haut de la
Croix, unissant sa voix à celle de son fils, Marie avait crié : *venez à moi, vous tous qui travaillez et qui êtes chargés, et je vous soulagerai ;*
(1) et les célestes esprits dont elle est la reine
portèrent rapidement ses tendres invitations.
En peu de jours on apprit, dans toutes les contrées d'alentour, que Dieu avait ouvert une
nouvelle source de grâces; que le riche et le
pauvre avaient un égal accès.

Cependant ce qu'il y avait de merveilleux
dans l'invention de la statue se serait peu à
peu effacé de l'esprit des hommes, si quelque
nouveau prodige ne fût venu confirmer les
premiers. D'ailleurs une croix grossière, surmontée d'une petite image, n'était guère capable d'inspirer le respect et une crainte religieuse à des hommes dont les yeux ont besoin
d'être frappés par des dehors de magnificence.
Dieu se servit de l'impiété d'un de ces hommes qui affectent de croire que nous rendons
à des images les honneurs dus à Dieu seulement, et qui refusent tout hommage à la mère de Jésus. Ni l'histoire ni la tradition ne nous

---

(1) Math. 11. 28,

ont conservé le nom de cet hérétique : que le nom du méchant reste dans l'oubli. Mais elles nous ont transmis la sévère punition d'un Dieu jaloux de l'honneur de sa mère, et la bonté de la mère qui, à l'imitation de son fils, pria pour son ennemi et obtint grâce pour lui. Ce souvenir ne s'est jamais perdu ; et les habitans de Bon-Encontre qui ont grandi, à une époque où le fils aimait à entendre de la bouche de son père l'histoire touchante de la Vierge, racontent encore ce qu'une tradition constante leur a transmis.

Un habitant de Puymirol, déserteur de sa foi, passa fortuitement près de l'endroit où s'élevait la statue. Avec ce zèle amer, ordinaire à ceux qui ont renoncé à la vérité, il s'élance vers la Croix, content de trouver une occasion si belle de signaler à ses coreligionnaires sa conviction dans ses nouveaux principes. Déjà son bras est levé pour saisir la statue. Ici il fallait un prodige, ou tant d'autres qui avaient précédé devenaient inutiles. Celui qui avait commencé l'œuvre ne la laissa point imparfaite. Dieu frappe l'impie d'aveuglement. Ses mains cherchent envain pour se reconnaître et pour s'appuyer, cette même Croix qu'il voulait renverser. Déconcerté par cette subite vengeance, il tend les bras, il appelle au secours, et supplie qu'on veuille bien le conduire dans sa maison.

Le châtiment avait été si prompt, qu'il ne pouvait ignorer d'où il partait : cependant il ne chercha point tout de suite à appaiser la main qui l'avait frappé ; soit que son apostasie et son impiété le rendissent indigne d'un plus prompt effet des grâces du fils et de la mère, soit que l'étonnement et la confusion se fussent emparés de ses puissances ; soit plutôt que, par un effet de sa providence, Dieu permit que son retour fût différé. Il était bon que, dans un temps où l'impiété était si audacieuse, on sût que les esprits célestes, dépositaires de la force du Tout-Puissant, veillaient à l'honneur de l'image de Marie, quoique elle semblât abandonnée à la disposition des méchants. Au moins la frayeur préviendrait de nouveaux crimes. Ce délai donnait le temps de constater la cécité de l'hérétique, et sa guérison en aurait plus d'éclat. Il fallait qu'on connût que la mère comme le fils aimait tendrement les pécheurs.

L'infortuné, frappé d'aveuglement, n'avait

fait confidence à personne de la véritable cause de son mal : le démon de l'orgueil liait sa langue. Un dépit amer rongeait son cœur ; il fallait un miracle pour le retirer de l'abîme. Marie prie pour l'homme qui a voulu l'outrager ; aussitôt un rayon de lumière descend au fond de ce cœur, et ce cœur n'est plus le même. Il reconnaît son crime, il le déteste, et il espère que la même puissance qui l'a frappé, quand il se livrait à un orgueil impie, le pardonnera s'il va s'humilier. Il ne fait plus un mystère de la cause de son aveuglement ; il veut être conduit au pied de la statue de Marie. Là, il fait amende honorable au fils et à la mère ; il abjure son erreur, anathématise son infidélité, et le pardon, plus prompt que la vengeance, descend sur l'homme qui s'humilie. Ses yeux s'ouvrent aussitôt ; et le premier objet qui les frappe, c'est la croix, c'est l'image de Marie. Il se prosterne dans les transports de sa reconnaissance ; son cœur éprouve ce qu'il n'a jamais éprouvé ; et, de retour dans sa maison, il ne cesse de publier la puissance et la bonté de Marie.

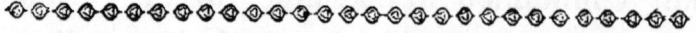

CHAPITRE VII.

❦

ON ÉLÈVE UNE PETITE CHAPELLE A LA SAINTE IMAGE.

———

Cette guérison eut trop d'éclat pour qu'elle n'attirât pas de nouveaux honneurs à l'image de la Vierge. Plusieurs personnes, qui avaient été témoins, jugèrent qu'il fallait élever un petit sanctuaire à la Mère de Dieu ; que le Ciel avait suffisamment manifesté sa volonté ; et qu'il était évident que Dieu voulait, à l'avenir, opérer ici des prodiges comparables à ceux qui avaient illustré d'autres lieux de pélerinages.

« Le fils aîné (1) du dit Jean Frassinet crut

———

(1) Ancienne Histoire, 318-9.

que la sainte Vierge, ayant choisi une petite portion dans l'héritage qui lui était échu, ce serait mal reconnaître un si grand avantage, de ne lui pas céder ce qu'elle semblait avoir pris pour sa part. Cela le fit résoudre à donner une canne de terre au lieu même où la sainte image avait été trouvée ; si bien que la Reine des cieux, ayant fait son propre de ce petit présent, on y bâtit à peu de frais un petit oratoire des aumônes du peuple, moins propre pourtant pour y célébrer le sacrifice du Fils, que pour y mettre à couvert l'image de la Mère. »

Sans doute que l'habitant de Puymirol ne fut pas un des moins empressés pour le succès de cette entreprise. L'histoire ne nous en dit rien ; mais, comme nous avons pu nous en convaincre nous-mêmes, la tradition, qui lui attribue l'honneur de la construction de la petite chapelle, ne nous permet pas de douter qu'il n'y ait contribué, et qu'il n'ait voulu laisser à ses concitoyens le droit d'aller réclamer une part dans les faveurs de Marie.

CHAPITRE VIII.

❊

PESTE. — HÉRÉSIE.

———

C'est par les afflictions et les épreuves que
Dieu châtie son peuple, quand il ne peut
le captiver par les liens de la charité. Mais
lorsqu'une grande calamité se prépare, il fait
précéder sa miséricorde qui tempère la violence de son bras. Deux fléaux exerçaient
alors leurs ravages sur la France : la peste et
l'hérésie. La contagion exerça à Agen des
ravages épouvantables « (1). Tout le monde

———

(1) Ancienne Histoire, 319.

abandonnait la ville, comme on le fait ordinairement en semblable péril. Il n'y demeu-
rait que ceux qui étaient résolus de mourir,
ou que le défaut d'une autre retraite y arrê-
tait par force. Les cloîtres mêmes se voyaient
délaissés et convertis en des solitudes aussi
mélancoliques, que l'habitation unanime des
serviteurs de Dieu les rend délicieuses. Les
deux frères Frassinet, qui étaient prêtres et
religieux du couvent des Carmes, se réfugiè-
rent en la maison paternelle, au village de
Pau, pour éviter le mal dont on ne peut quasi
se sauver que par la fuite. »

« La fête, que le saint ordre des Carmes a
consacrée à l'honneur particulier de la sainte
Vierge, arriva environ ce temps-là ; de sorte
que ces deux bons frères ne voulurent point
que le jour s'en passât sans lui rendre les tri-
buts ordinaires de leur dévotion. Mais ne pouvant célébrer cette fête dans leur maison, ils
furent d'avis de s'acquitter de ce devoir dans
la Sainte-Chapelle. La résolution prise, ils
jugèrent qu'il était à propos d'en donner avis
à leurs voisins, car le bien se doit communiquer; et le concours du peuple y fut si grand,
qu'ils furent contraints de faire dresser un

autel sous des tentes, hors de l'enceinte de la
même Chapelle, où les deux frères célébrèrent
la messe, pour donner une entière satisfaction
à la piété de tous les assistants. Cette nouvelle
rencontre commença de rendre le lieu plus
vénérable, la sainte Vierge y attirant les âmes
plus efficacement tant par les grâces intérieu-
res que par les faveurs qu'elle y communiquait
extérieurement ; ce qui porta la veuve de ce
bon laboureur, qui avait donné ce petit fonds
pour bâtir la chapelle, de joindre à la donation
de son mari un picotin de terre, pour faire un
cimetière, auquel elle se réserva le droit de
sépulture ; croyant pieusement que son corps
reposerait plus doucement à l'ombre de l'image
de la Mère de Dieu, que ses bénédictions se
répandraient sur son âme avec surabondance ;
qu'elle se garantirait de la mort éternelle en se
mettant sous la protection de celle qui a donné
la vie au monde, et que son corps ne se relè-
verait de cette terre, sanctifiée par la présence
de son image, que pour monter au Ciel, quand
la voix de son fils appellera les morts de leurs
tombeaux. »

Ainsi, Dieu se servit de ce fléau pour faire
connaître de plus en plus le nouveau sanc-

tuaire et obliger le peuple de recourir à Marie. Plusieurs durent la vie à sa protection ; et, d'après ce qui nous reste des monuments anciens, il n'y a pas lieu de douter que sa tendresse pour la contrée n'ait abrégé le temps de l'épreuve. Mère attentive, elle avait toujours les yeux ouverts sur ses enfants ; mais sa vigilance se montra surtout, en ne permettant pas que le démon de l'erreur se fixât dans Agen et dans ses campagnes.

Des hommes audacieux avaient essayé de détruire l'unité catholique. Malheur à l'homme qui vient semer la discorde dans la famille où régne l'union ! Or, elle régnait alors dans l'Eglise catholique ; malheur à cet homme ! car il se rend coupable de tous les désordres, des massacres, des profanations, des guerres qui vont suivre. Quand il aura allumé le flambeau de la discorde, l'audace et la fureur dans un parti, dans l'autre une juste défense qu'il n'est pas facile de contenir dans de justes bornes, donneront lieu à des scènes d'horreur entre des hommes, enfants de la même patrie, enfants naguère de la même Eglise. Mais ces horreurs sont l'ouvrage de celui qui a semé l'ivraie dans le champ du père de famille ; sans

lui elles n'eussent jamais attristé la face du
Ciel. Les nouvelles erreurs, parties de l'Alle-
magne, pénétrèrent jusque dans nos contrées.
L'erreur se fixa sur plusieurs points ; mais jamais elle ne reçut à Agen un accueil favorable.
Elle s'introduisit sourdement dans cette ville
comme un ennemi ; et, lorsqu'elle se crut assez
forte, elle leva le masque , se livra à toute sa
fureur , brisa les images, brûla les archives
des églises, et s'empara de celle de Saint-
Phébade pour y faire ses prêches. Son triomphe ne dura pas : Montluc en délivra la ville,
et les habitants détruisirent l'église de Saint-
Phébade , laquelle était située derrière Saint-
Caprais , en haine de l'erreur qui l'avait pro-
fanée. Nos pères reconnurent à qui ils devaient
la conservation de leur Foi. «Je crois, dit l'ancien historien, que la ville d'Agen voudra bien
avoir cette obligation à Marie, que d'avoir
été préservée par ses mérites de cet embrâse-
ment qui semble encore fumer dans la Gasco-
gne et dans le Languedoc , et qu'elle avouera
sans contradiction que l'image dont elle a dai-
gné honorer son terroir a été le signe de sa
protection , et que, comme en ce siècle, elle
s'est vue délivrée par les vœux qu'elle a faits

à Marie du venin de la contagion, cette plante
divine lui fut donnée du Ciel, dès le commen-
cement, pour la préserver miraculeusement de
la peste de l'âme. »

CHAPITRE IX.

PRÉCAUTIONS AU SUJET DES MIRACLES. — RELIGIEUX DE SAINT FRANÇOIS.

Les merveilles qui s'opéraient au sanctuaire de Marie augmentant de jour en jour, l'autorité voulut s'assurer des faits qu'on publiait comme miraculeux, afin que la vérité fût connue, et que les fidèles ne fussent pas abusés. On recueillit, selon les formes, les dépositions des témoins et de ceux qui avaient été l'objet des faveurs divines. Plusieurs de ces actes sont arrivés jusqu'à nous. C'est ainsi qu'en 1583, Jean Tarabel, de la paroisse de Saint-Etienne de Villeneuve, fit un vœu à Notre-Dame de Bon-Encontre, pour obtenir la guérison d'une paralysie universelle; il visita la sainte chapelle, recouvra la santé, et l'évènement fut vérifié par le juge official d'Agen.

Un jeune religieux, du couvent des Carmes d'Agen, Pierre Menoire, originaire de Bordeaux, fut atteint, à la main, d'une enflure extraordinaire, accompagnée de violentes douleurs. Il vint au pied de l'autel de Notre-Dame de Bon-Encontre. Bonne mère, dit-il, si vous exaucez ma prière, aussitôt que j'aurai le bonheur de compter parmi les prêtres de votre fils, je viendrai le prier ici de descendre dans mes mains; et ce sera pour vous témoigner ma reconnaissance et mon amour. La promesse fut agréable à Dieu : la douleur s'apaisa aussitôt; et, à son retour, la main fut presque entièrement guérie. Ce prodige eut lieu l'an 1609. La déposition fut faite en présence de messire Jean Marca, de maître Bernard Foix et maître Antoine de la Croix, prêtres.

Anne de Montforton, épouse d'Antoine Golse, de Villeneuve, fut guérie en 1610 d'un mal qui avait rongé presque tout son visage. Elle visita la chapelle de Bon-Encontre, y acquitta ses vœux; et, après huit jours, il ne resta plus de traces de l'affreux cancer. Sa déposition fut signée par maîtres Arnaud-Bounaud, Julien Taillard, Jean Artus, Géraud Galette, Barthélemy Cormols, Jean Nègre et Jean Brousses.

Ainsi, le sanctuaire de Bon-Encontre était devenu un asile assuré dans toutes les calamités, soit publiques, soit particulières. Mais presque toujours il manquait quelque chose à la satisfaction du pélerin. Il n'y avait pas de prêtre qui, à son arrivée, et sur sa demande, offrit le grand sacrifice, principe de tous biens, de tout notre espoir; il ne pouvait pas toujours participer à la victime sainte : dès lors il croyait imparfaits ses hommages à Marie. Sans doute quelqu'une de ces âmes pieuses se plaignit au Ciel, et demanda que Dieu mît le comble à ses faveurs, en envoyant des lévites qui formassent une tribu sainte autour de l'Arche d'alliance; car l'Arche sainte eut ses lévites.

Au centre de l'Italie, dans la cité d'Assise, naquit en 1182 un enfant de bénédiction. Dieu se plut à annoncer sa naissance par des présages merveilleux. Quand il vint au jour, ce fut une fête dans le ciel et sur la terre : quelques âmes pieuses entendirent les anges chanter des hymnes de paix et de joie, sur une humble petite chapelle de la plaine qui s'étend au pied de la ville. Cette chapelle prit dès lors le nom de Notre-Dame des Anges, et devint plus tard un sanctuaire fort célèbre. François, parvenu à la fleur de l'âge, se désabusa du monde qu'il avait d'abord aimé. Dieu lui inspira la pensée de se faire pauvre volontairement, pour relever dans le monde et remettre en honneur la pauvreté que Jésus avait glorifiée pendant sa vie mortelle. Il épia, avec une sainte curiosité tous les mystères de la pauvreté; et quand il les eut bien pénétrés, il s'associa des compagnons, auxquels il communiqua le feu qui l'embrâsait pour la gloire de Dieu et pour le service du prochain. Le nombre de ses disciples fut grand : c'est sous la protection de Notre-Dame des Anges qu'il les formait. Il les dispersa ensuite sur toute la terre; et, comme il affectionnait particulièrement la France, il y envoya des hommes éminents en sainteté. Leur mission porta les fruits les plus abondants, et long-temps leurs successeurs travaillèrent encore au bonheur des peuples.

Tels étaient les ministres que Marie avait choisis, et auxquels elle destinait l'honneur de servir dans son nouveau sanctuaire. Le moment allait arriver où ils devaient en prendre possession. Mais il fallait auparavant que des merveilles réitérées et le concours du peuple, qui en était la suite, eussent convaincu tout le monde qu'évidemment il y avait ici une opération surnaturelle. Si les religieux eussent été déjà établis à Bon-Encontre, l'impiété n'eût pas manqué d'attribuer ce concours à l'adresse et à l'avidité qui auraient voulu profiter de la crédulité du bon peuple. Jaloux de l'honneur de Marie et de ses ministres, Dieu n'envoie les enfants de saint François que lorsque toute attaque est impossible ; et il emploie, pour les y appeler, la voix d'une princesse.

CHAPITRE X.

⋈

PÉLERINAGE DE LA REINE MARGUERITE. — AGRANDISSEMENT
DE LA CHAPELLE.

La reine du Ciel devait voir tous les âges,
tous les sexes, tous les rangs venir lui porter le tribut de leurs hommages, dans son
sanctuaire de Bon-Encontre. Les hommes sim-
ples furent les premiers appelés à vénérer
l'image de la mère de Dieu et à recueillir ses
faveurs : ainsi arriva-t-il à l'étable de Beth-
léem. Il fallait, pour affermir la confiance du
peuple, que de hauts personnages vinssent,
comme lui, courber leur front devant l'image
sacrée; et cet exemple, Dieu le ménagea aux

fidèles dans le pélerinage d'une puissante princesse.

« Ce fut l'an du salut 1584 (1), que la sérénissime princesse, la reine (2) Marguerite, touchée par les merveilles qu'on lui racontait des grâces que Dieu opérait par cette sainte image, se sentit puissamment inspirée de lui venir présenter ses vœux en sa chapelle ; et, bien que sa piété n'eût point d'autre dessein que de rendre ses hommages à la mère de Dieu, elle crut pourtant que l'Agénois étant de son domaine, elle pourrait justement prétendre quelques droits sur ce divin trésor, qui enrichissait tous les jours ses sujets. Ce qui la fit résoudre de venir de Nérac dans la ville d'Agen, d'où elle voulut aller à pied jusques à la chapelle, le jour que l'Eglise célèbre le triomphe glorieux de Marie.

» C'était une chose bien nouvelle à ce peuple, de voir une reine de France aller, en cet équipage, offrir ses services, et consacrer l'honneur de ses couronnes à la reine du Ciel ;

(1) Ancienne Histoire, p. 324 et suiv.

(2) Fille de Henri II et épouse du prince de Béarn, plus tard Henri IV.

et, parce qu'elle voulut faire un nouveau sacrifice de son cœur, sur l'autel de Marie, elle désira d'être accompagnée d'un illustre prélat qui pût joindre cette nouvelle et royale victime à l'oblation mystique de l'agneau sans macule.

» Toute la noblesse de l'Agénois suivait les pas et imitait les vœux de la princesse. Cette grande reine entre humblement dans ce pauvre oratoire, et se confond soi-même de voir un lieu si peu digne de la majesté qu'elle y vient vénérer. Elle courbe sa tête sous le joug de celle qui a vu un Dieu son fils et son sujet; et se répute heureuse, toute reine qu'elle est, si Marie la daigne recevoir au nombre de ses humbles servantes.

» M. de Foucques, lors évêque d'Agen (1), qui l'avait accompagnée, comme nous l'avons dit, en ce pélerinage, célébra le divin mystère de notre foi dans la sainte Chapelle; et, pour mettre le comble aux désirs de la reine,

---

(1) Dans le *Clergé de France de l'abbé Hugues*, nous trouvons que le nom de l'évêque était *Janus Frégose*. Le nom de *Foucques* était sans doute quelque surnom du prélat.

donna le sacrement, qui contient en vérité le
corps de Jésus-Christ, à celle qui était venue
en ce saint lieu pour recevoir le fils, et pour
honorer l'image de la mère.

» Ce ne fut là que le premier germe de sa
dévotion, qui eût eu sans doute des accroissements dignes de cette majesté, si la mort
n'eût fait avorter le dessein qu'elle avait d'y
faire une fondation royale. Elle donna pourtant de quoi pour agrandir la petite chapelle,
que la piété de M. le maréchal Alphonse
d'Ornano fit mettre en l'état qu'on la voit maintenant (1), afin qu'une reine, et un seigneur
qui représentait pour lors dans la Guienne la
personne du Roi, en qualité de lieutenant-gé-
néral de toute la province, contribuassent
heureusement dans un même dessein pour
accroitre le culte et la dévotion de notre sainte
image. Son zèle ardent envers la Sainte-
Vierge parait particulièrement dans les lieux
de son gouvernement où elle est honorée. Ses
armes qu'on voit encore sur les murailles et
les vitres de la chapelle portent de bons témoignages de sa magnificence. »

---

(1) L'auteur écrivait en 1611.

Le peuple, témoin de tant de générosité, rivalisa de zèle. Les dons volontaires fournirent de quoi orner la sainte Chapelle. Plusieurs personnes du sexe se dépouillèrent de leurs ornements, travaillèrent à parer son autel, ou présentèrent les lampes qu'on vit long-temps briller dans le sanctuaire.

La reine désira voir la famille, objet de la prédilection de Marie. Elle en considéra tous les membres avec une curiosité mêlée de respect. Elle se sentit surprise d'un sentiment de vénération que la vue des grandeurs du monde n'avait jamais excité en elle. Quand un rayon de gloire, tombé du Ciel, brille au front de l'homme simple et obscur, il efface l'éclat de la dignité royale. La princesse voulut avoir la satisfaction d'accorder un privilège à l'heu-reuse famille, afin qu'elle dût quelque chose à sa munificence. Pour la cession de l'emplace-ment de la chapelle, de l'église et du couvent, ou des *prés des granges*, elle commanda qu'on payât aux Frassinet une rente de trente francs par an. Cette somme a été comptée régulière-ment jusqu'en 1789. Elle voulut de plus que, lorsque le couvent serait élevé, l'honneur de le régir appartînt de droit à un membre de la famille, s'il s'y trouvait un ecclésiastique. Il y en eut en effet qui héritèrent de la piété de leurs ancêtres pour Marie.

Tout inspire le plus vif intérêt dans un lieu de pélerinage. La maison où la sainte image fut reçue avec tant de joie, et le vieux coffre d'où les anges vinrent la retirer pendant la nuit, furent encore visités par la Reine. Ce meuble n'avait plus une destination profane. La piété des fidèles forçait à en détacher des fragments ou des filaments qu'on recevait comme de précieuses reliques. Le pélerin était heureux quand il en avait obtenu une parcelle. En la revoyant plus tard, il se rappellerait une grâce obtenue, une consolation que son cœur avait goûtée, sa conversion peut-être; et des sentiments de joie et de reconnaissance se rallumeraient dans son âme. Celui qui devait traverser les mers craindrait moins le naufrage; si les flots venaient à se gonfler, il montrerait au Ciel ce gage de son respect pour Marie, et il attendrait avec confiance que la mer rentrât dans le calme.

La Chapelle est encore telle qu'elle fut construite par les soins de Marguerite et du maréchal d'Ornano. Quand on bâtit l'église,

on tira le plan de manière que la chapelle
pût s'ajuster comme chapelle latérale ; et,
on forma deux arceaux au mur du nord pour
établir la communication. C'est la première à
droite en entrant dans l'église.

La statue, élevée dans une niche, domine
perpendiculairement l'endroit même où elle
fut trouvée. Tous les ornements et la sculp-
ture qui environnent la niche sont dus à la
munificence du maréchal. Seulement la do-
rure a été restaurée il y a environ soixante-
dix ans.

Le tombeau de l'autel, en marbre, a une
partie digne d'attention : c'est un cadre en
marbre de couleur foncée, servant à rattacher
les panneaux en marbre rouge et blanc de
la partie antérieure. Ce cadre est d'une seule
pièce et comprend aussi la partie qui enferme
le médaillon.

La porte de la chapelle était au midi : elle
est maintenant murée ; mais la partie supé-
rieure est parfaitement conservée ; on y lit
aisément l'inscription : *Ceci a été fait en* 1609.
Au dessus de la porte, étaient les armes du
maréchal. Quoiqu'elles aient été mutilées, on
en voit encore les restes. Un peu plus haut se

trouve encore une niche surmontée d'une petite croix : c'était là toute la façade de la sainte
chapelle. Les vitraux qui portaient les armes
du maréchal n'existent plus.

La Reine comprit que l'oratoire de Marie
devenant tous les jours plus célèbre, il fallait
nécessairement attacher à son service des
prêtres qui pussent à tout instant satisfaire la
dévotion des fidèles. Elle jeta les yeux sur un
corps de Religieux, que leur charité, leur a-
mour pour la pauvreté faisaient estimer de tout
le monde. C'étaient les Religieux du Tiers-
Ordre de Saint François de la réformation de
France. Elle leur fit donation de l'oratoire et
du terrain qui l'environnait, par des lettres patentes du 23 juin 1611, confirmées par Louis
XIII, et vérifiées au parlement de Bordeaux.

Nous les avons sous les yeux, ainsi que
l'approbation de Claude de Gèlas, évêque
d'Agen. Le lecteur ne verra pas sans plaisir
avec quelle sollicitude tous ces hauts personnages s'intéressaient à la gloire de Notre-
Dame de Bon-Encontre.

« Marguerite (1), reine, duchesse de Va-

_____

(1) Extraits des archives. Ces titres et autres seront

lois, comtesse d'Agénois, etc., faisons savoir que nous étant particulièrement informée par aucuns de nos personnages, nos spéciaux serviteurs, du grand nombre de peuple qui va ordinairement en dévotion et pélerinage en l'oratoire de Notre - Dame de Bon - Encontre, paroisse de Sainte-Radegonde lès Agen, dépendant du domaine de notre sus dit comté, et attendu qu'il n'y a aucun prêtre, résidant sur les lieux, pour célèbrer les services, on est contraint d'en envoyer du dit Agen et autres lieux circonvoisins ; ce qui apporte grande incommodité aux vœux et dévotions d'un chacun ; à ces causes, pour la parfaite connaissance que nous avons des bonnes mœurs, piété et intégrité de la doctrine et condition de nos chers et bien-aimés les R. Fr. Religieux pénitents réformés du Tiers - Ordre Saint François, et désirant les gratifier et honorablement traiter, en ce qui nous sera possible, leur avons donné, accordé et concédé, donnons, accordons et concédons, par ces présentes, en tant qu'à nous, le dit oratoire de

---

recueillis avec soin, dans leur entier, à la fin de cette histoire. (Voir ces pièces.)

Notre-Dame de Bon-Encontre et ce qui en dépend ; leur promettant de faire bâtir, construire et édifier un couvent de leur ordre, afin d'y célébrer la sainte Messe, faire prières à Dieu pour le Roi notre très-honoré Seigneur, et pour la Reine notre très-honorée Dame, et les enfants de France, l'État et nous ; prêcher, faire leurs exercices... le tout à l'honneur de Dieu et salut des âmes. »

Claude de Gélas était alors évêque d'Agen. Son approbation suit les lettres patentes de la princesse. « Claude Gélas, (1) Evêque et comte d'Agen..... La sérénissime Reine Marguerite de Valois, comtesse d'Agénois.... animée d'un grand sentiment de dévotion, ayant accordé aux frères pénitents de la congrégation du Tiers-Ordre de Saint François, la faculté de bâtir un monastère auprès de la Chapelle, vulgairement appelée Notre-Dame de Bon-Encontre, située dans son comté et notre diocèse ; et cependant les Frères susdits ne pouvant entreprendre un ouvrage si grand et si avantageux, sans notre permission préalable et sans le don de la Chapelle, au sujet de

(1) Voir à la fin le texte latin.

laquelle des demandes nous ont été adressées, nous qui, pour remplir les devoirs de notre charge, avons résolu de seconder cette entreprise, et qui n'omettrons rien de ce qui a rapport à l'édification du peuple, nous étant assurés de leur vie pieuse et régulière....... et qu'ils ne seraient pas d'une médiocre utilité pour le service de notre église,...... cédant à leurs prières, leurs avons accordé la dite Chapelle de Bon-Encontre, et la faculté d'y construire un monastère..... afin qu'ils y vivent selon leurs règles, avec piété et religion. »

Louis XIII s'empressa d'approuver et d'encourager tout ce qui se faisait pour l'honneur de Marie. « Louis... pour l'avancement et propagation de la piété et foi catholique... étant particulièrement informé par notre très-honorée tante, la reine Marguerite, de la grande dévotion qui est ordinairement en l'église et oratoire Notre-Dame de Bon-Encontre, lès Agen, dépendant du domaine de notre dite tante, et du grand nombre de peuple qui y va en pélerinage, où ils sont incommodés en leurs vœux, pour ne avoir aucuns ecclésiastiques résidants sur les lieux... ce qui aurait occasioné notre tante à accorder à nos bien-aimés

Orateurs... la dite église et oratoire, Notre-Dame de Bon-Encontre... et édifier un couvent de leur ordre... afin de célébrer la sainte Messe, faire prières à Dieu pour nous, la reine, notre très-chérie et très-honorée dame et mère... les personnes de notre sang... et nos états... A ces causes... donnons le dit oratoire aux Frères, etc. »

On voit avec plaisir Louis XIII, encore enfant (1) et à la première année de son règne, plein de zèle pour le culte de Marie, attacher son nom à ce qui regarde Notre-Dame de Bon-Encontre. Marie ne se laissa pas vaincre en générosité. Le Roi échappa aux dangers sans cesse renaissants d'une régence orageuse, et aux tempêtes qui s'élevèrent contre lui dans la suite de sa vie ; il consolida le trône, et prépara le règne illustre de Louis XIV. Et qui oserait nier qu'après vingt-huit ans d'une constante protection, la Vierge, par un nouveau trait d'attention, ait envoyé du sanctuaire de Bon-Encontre un messager céleste, pour

---

(1) Louis XIII monta sur le trône à l'âge de neuf ans, en 1610 ; il donna les lettres pour Bon-Encontre, en 1611.

lui inspirer le dessein qui a valu à la France le bonheur d'échapper encore à bien des maux?... Je veux parler de l'édit du 10 de février de l'an 1638, par lequel Louis mit solennellement tout son royaume sous la protection de Marie. Durant le long cours de son règne, il eut le temps de reconnaître la grandeur des difficultés qui le traversèrent, et quelle main le conduisit sain et sauf à travers tous ces obstacles. Ses paroles portent un air de conviction qui fait du bien à l'âme : trop rarement on ose exprimer à Dieu sa reconnaissance en langage plein d'ouverture et de franchise. « Dieu, dit-il, qui élève les rois au trône de leur grandeur, non content de nous avoir donné l'esprit qu'il départ à tous les princes de la terre, pour la conduite de leurs peuples, a voulu prendre un soin si spécial et de notre personne et de notre État, que nous ne pouvons considérer le bonheur du cours de notre règne, sans y voir autant d'effets merveilleux de sa bonté, que d'accidents qui pouvaient nous perdre. Lorsque nous sommes entrés au gouvernement de cette couronne, la faiblesse de notre âge donna sujet à quelques mauvais esprits d'en troubler la tranquillité ;

mais cette main divine soutint avec tant de force la justice de notre cause, que l'on vit en même temps la naissance et la fin de ces pernicieux desseins. En divers autres temps, l'artifice des hommes et la malice du diable ayant suscité et fomenté des divisions, non moins dangereuses pour notre couronne, que préjudiciables au repos de notre maison, il lui a plu en détourner le mal avec autant de douceur que de justice. La rébellion de l'hérésie ayant aussi formé dans l'État un parti qui n'avait pour but que de partager notre autorité, il s'est servi de nous pour en abattre l'orgueil, et a permis que nous ayons relevé ses autels en tous les lieux où la violence de cet injuste parti en avait ôté les marques... Étant chose bien raisonnable que Marie ayant été médiatrice de ces bienfaits, elle le soit de nos actions de grâces..., nous avons déclaré et déclarons que, prenant la très-sainte et très glorieuse Vierge pour protectrice spéciale de notre royaume, nous lui consacrons particulièrement notre personne, notre État, notre couronne et nos sujets; la suppliant de nous vouloir inspirer si sainte conduite, et défendre avec tant de soin ce royaume contre l'effort

de tous ses ennemis ; que, soit qu'il souffre le
fléau de la guerre, ou jouisse de la douceur de
la paix, que nous demandons à Dieu de tout
notre cœur, il ne sorte point des voies de la
grâce, qui conduisent à celles de la gloire. »

Ainsi, au sanctuaire de Bon-Encontre, le
pèlerin trouve d'illustres souvenirs réunis à de
puissants motifs de confiance.

CHAPITRE XI.

❀

FONDATION DU COUVENT DE NOTRE-DAME DE BON-ENCONTRE.

———

Le moment était venu où les enfants de saint François devaient, comme une milice sacrée, commencer leur service auprès de la reine du Ciel, dans le nouveau sanctuaire qu'elle s'était choisi. Le R. P. Vincent Mussard, gardien et custode du couvent de Notre-Dame-de-la-Paix, à Toulouse, accompagné de quelques religieux de son ordre, vint pour prendre possession de l'oratoire et de l'emplacement cédé pour le monastère.

Arrivé à Agen, il obtint la faculté de présenter sa requête aux autorités de la ville.

Suivi d'un religieux, il se rendit à la maison commune. Introduit dans la chambre du conseil, il adressa ce discours aux consuls et aux jurats réunis : « (1) Messieurs, je crois que personne n'ignore l'intention pourquoi nous sommes à Agen, et ce que nous y prétendons faire. Toutefois, pour ne manquer point à ce qui est de mon devoir, j'ai cru que je vous en devais rendre compte de ma propre bouche, et y ajouter une très-humble requête et supplication, que je désire vous faire au nom de notre congrégation.

« C'est, Messieurs, qu'il a plu à la sérénissime reine Marguerite, notre bonne maîtresse, faire choix et élection des religieux de notre congrégation, pour demeurer à Notre-Dame de Bon-Encontre, où Sa Majesté, ayant une grande et singulière dévotion, désire faire bâtir et édifier un couvent et monastère de notre ordre, pour y recevoir tous les pélerins qui y affluent de tous côtés ; fomenter et accroître la dévotion que le peuple rend en ce saint lieu ; et à cet effet, nous aurait par ses patentes, en date du 25e jour de juin 1611, fait don

---

(1) Nous renvoyons à la fin, les noms des autorités.

du dit lieu, ensemble de tout ce qui en dépend, comme dame et comtesse d'Agénois. Mais parce que l'autorité du Roi était nécessaire, tant pour la confirmation du dit lieu, que pour la construction nouvelle du dit couvent, il nous a aussi octroyé ses patentes, conformes à celles de la sérénissime Reine ; en suite desquelles le révérendissime Évêque d'Agen, connaissant le mérite de notre congrégation, et le profit spirituel qu'elle pouvait rendre en son diocèse, si elle y était une fois établie, nous fit pareil don de la dite chapelle et lieu de Notre-Dame, pour y bâtir un couvent ; nous ayant à cette fin octroyé ses lettres, en date du premier juillet, eu la dite année 1611 : or, toutes les provisions ayant été depuis vérifiées et registrées au siége présidial de cette ville d'Agen, nous sommes venus ici en intention de les exécuter, nous loger en ce lieu qui nous a été donné, et y planter la croix, suivant les bonnes et saintes coutumes de l'Église, lorsqu'il est question de commencer l'édifice d'un lieu sacré et religieux.

« Mais, Messieurs, d'autant que nous voulons et devons vivre en ce lieu, qui est dans les bornes de votre juridiction, sous l'obéis-

sance de vos lois, et en la protection et appui
de votre autorité, ainsi que bons et dévots religieux doivent faire, nous n'avons pas voulu
nous avancer plus en avant en cet œuvre, que
nous ne sachions premièrement si vous l'ap-
prouvez, agréez et consentez. Car bien que
nous ayons droit de le faire, et que nous
soyons pourvus de bonnes et fortes provisions,
néanmoins nous vous déclarons que nous ne
prétendons point de nous en servir, si vous
n'avez notre établissement agréable ; et crois
aussi que, tout homme bien entendu aux affaires du monde, jugera que nous devons
faire ainsi ; d'autant que, bien que nous
soyons Français, et moi qui vous parle, Pari-
sien, néanmoins nous sommes étrangers de
votre ville, et n'est pas raisonnable que nous
soyons entés, incorporés et associés au corps
de votre République, sans votre su, gré et
consentement, étant comme vous êtes, les pères du peuple, les conservateurs du repos public, et responsables des personnes qui habitent dans les termes de votre juridiction. C'est
pourquoi je suis ici pour vous prier, comme je
fais en toute humilité, et au nom de notre
congrégation, de vouloir intériner notre hum-

ble requête, agréer notre établissement, nous joindre et incorporer au corps de votre République, et nous recevoir au nombre de vos citoyens et bourgeois, afin que nous puissions joindre nos vœux avec les vôtres, pour la continuation de la paix, pour la santé de leurs Majestés, et pour la prospérité de votre République, vous donnant parole que vous n'aurez jamais serviteurs ni domestiques, nourris de votre pain, qui vous soient si affectionnés et fidèles serviteurs, que nous serons toute notre vie. »

« Ce qu'étant dit, lesdits pères Vincent Mussard et Barthélemy sont sortis de la chambre, pendant que les dits sieurs jurats opinaient sur ce que dessus. Et ayant arrêté et pris résolution sur la dite proposition, l'on fit rentrer les dits pères, auxquels les sieurs consuls, par l'avis de leur jurade, et par l'organe du sieur de Maurés, ont dit : qu'ils ont fort agréable d'apprendre que des religieux, de la qualité de ceux-ci, pour lesquels ledit P. Vincent a parlé, aient été choisis pour résider au lieu de Bon-Encontre ; et, par ce moyen, la ville acquiert de si bons citoyens, comme l'on les pourra estimer, tant attendu la proximité du lieu, que aussi leur vœu et profession et offres qú'ils font de servir au public en leur vocation ; de manière que la volonté du Roi, de la Reine Marguerite, et le consentement de Monseigneur le révérendissime Évêque et comte d'Agen, étant joints avec l'autorité de la cour de parlement de Bordeaux, et encore de Monsieur le Sénéchal, pour l'introduction des dits religieux, en la chapelle et oratoire de Bon-Encontre ; les dits sieurs consuls pour la dite ville et communauté, en tant qu'à eux est, approuvent la dite introduction, et porteront tout ce qui sera de leur pouvoir et autorité, pour la conservation des dits religieux, et de toutes les choses à eux appartenant. A quoi le dit Père répartit et dit :

« Messieurs, je vous rends grâce de votre bonne volonté, et vous remercie, au nom de notre Congrégation, du libre consentement que vous donnez à notre établissement, approuvant et agréant nos bons desseins. Je vous prie de commander à votre secrétaire de m'en donner et livrer acte, d'autant que, l'ayant, je l'estimerai la première pièce de notre sac. Et bien que je sache que la concorde des habitants soit la principale citadelle que vous avez édifiée autour de votre ville, je m'en vais de ce pas en faire une autre à Notre-Dame de Bon-Encontre, pour vous garder du côté des ennemis de dehors. Car bien que nous ne soyons que de pauvres Religieux désarmés, néanmoins nous espérons tant en Dieu, que nous croyons que les armes de notre pénitence et de nos oraisons, jointes à celles de tout le peuple qui y accourt, prévaudront contre celles de vos ennemis, visibles et invisibles. Ce que je souhaite au moins de tout mon cœur, comme votre très-humble et affectionné serviteur et orateur que je suis et veux être jusqu'au tombeau. »

On lit avec délices les paroles de ces bons Religieux : elles sont embaumées du parfum de la charité, du dévouement et de l'obéissance. Toute la contrée sait que leur conduite ne démentit jamais leurs promesses. On peut voir si c'est avec justice qu'on les a accusés d'être de mauvais citoyens, peu propres à se plier aux lois d'un État. Le meilleur citoyen est celui qui aime et qui obéit ; et la charité et l'obéissance font la base des constitutions religieuses. Plût au Ciel que les états n'eussent que des sujets élevés dans ces principes !

Depuis le voyage de la princesse, on avait travaillé à la construction de l'église. « Elle avait été bâtie, dit Labénasie (1), par les soins des bourgeois d'Agen, lesquels avaient été commis par l'Evêque, à la levée des présents et oblations qu'on faisait à la chapelle que M. d'Ornano avait fait bâtir. » Il convenait que cette église fût le fruit de dons volontaires.

Marie, ici, comme à Nazareth, aime la pauvreté. Elle a voulu que le pauvre eût aussi la satisfaction de lui donner, et elle reçoit son denier comme l'offrande de l'homme puissant. Pour une autre raison encore, l'église du pèlerin doit être élevée avec le produit des aumônes : il ne faut pas que le village qui l'entoure puisse en revendiquer la propriété : c'est l'église commune de tous ceux qui ont confiance en Marie. Le pèlerin le comprend ; et il n'ose sortir de l'enceinte sacrée, sans déposer son offrande dans le trésor : elle servira à relever la pierre que le temps pourra détacher du saint édifice, afin qu'il se conserve d'âge en âge jusqu'aux dernières générations.

---

(1) Labénasie, chanoine et prieur de Saint-Caprais, auteur d'une histoire manuscrite de l'Agénois, mort en 1724.

Labénasie rapporte que : « les patentes de la reine Marguerite furent reçues par M. de Gélas, évêque d'Agen. Ces Pères plantèrent la croix devant l'église de Notre-Dame , le 16 (1) septembre 1612. M. de Gélas y fut dire la messe, à laquelle assistèrent M. de Roquelaure, lieutenant du roi dans la province , MM. de Lussan et de Thémines, les consuls , en robe, le président Boissonnade, juge-mage, M. Delpech, juge criminel. Le Père Vincent, religieux du Tiers-Ordre, y prêcha fort éloquemment. »

Tout changeait de face dans ce village : la Vierge lui avait donné un autre nom ; auparavant ignoré, il était maintenant connu des contrées même éloignées ; la prairie , sanctifiée par tant de prodiges, disparaissait sous la construction d'une église et d'un monastère. Déjà, selon un antique et pieux usage, l'Evêque avait béni et planté une croix sur le terrain destiné à recevoir la demeure des religieux : c'est l'étendard qui annonce que ce sera le camp du Seigneur. Coutume admirable ! La croix en

---

(1) Je trouve dans un petit recueil de prières, fait par les Pères de Bon-Encontre et très-ancien, que ce fut le dimanche avant la Nativité de Notre-Dame, 1612.

prenant possession d'un lieu vous dit : « La charité divine, qui s'est chargée de vos douleurs et de vos iniquités, envoie ici ses ministres pour y continuer son œuvre. » Là, en effet, le pèlerin sera accueilli et refait des fatigues du voyage ; le pécheur, soulagé du poids de ses crimes, les taches de son âme seront lavées. Là, le pauvre ne sera plus le pauvre méprisé, comme il l'est dans le monde ; mais il aura cette primauté que Jésus lui assure dans le royaume céleste, et des serviteurs l'entoureront de soins affectueux. Là, l'homme affligé pourra épancher son cœur dans des cœurs qui le comprendront ; on versera du baume sur ses plaies, et en revenant dans sa demeure, il bénira l'Agneau qui porte les péchés du monde.

Ainsi les Frères du Tiers-Ordre entrèrent en possession de leur nouveau domaine. Ils mirent aussitôt la main à l'œuvre pour élever un monastère. L'ouvrage était difficile à des hommes qui avaient embrassé la pauvreté ; mais riches de leur confiance en Dieu, ils ne balancèrent pas à l'entreprendre. Ils avaient d'abord compté sur les bienveillantes intentions de la reine Marguerite ; mais Dieu voulut leur faire comprendre que l'appui de la puissance

humaine était souvent celui d'un roseau cassé.
La reine fut enlevée par la mort au moment
où elle voulait exécuter ses projets (1). Alors
il fallut reporter ses yeux vers le Ciel; et les
Religieux comprirent que la Vierge, qui les
avaient appelés auprès de son sanctuaire, ne
les laisserait pas sans abri, et que Dieu voulait encore accorder cette œuvre à la charité
des fidèles. « Marie, dit l'ancien historien,
veut elle-même élever ce monastère. Elle veut
que ce soit par des oblations volontaires et non
par des subsides, où le sang des orphelins et
les larmes des veuves se trouvent bien souvent,
qu'on orne sa chapelle, qu'on pare son image,
qu'on bâtisse un couvent pour des Religieux :
elle veut enfin qu'on mette toutes ces choses
au rang de ses miracles, et que la postérité ne
voie rien dans la construction et l'établissement de ce monastère, que les effets du pouvoir de *Marie*. »

---

(1) Marguerite s'était retirée sur la fin de ses jours
dans un beau palais qu'elle avait fait bâtir le long de la
Seine : elle y vécut jusqu'en 1615, année de sa mort,
dans le commerce des gens de lettres et dans les exercices de piété. (*Feller.*)

CHAPITRE XII.

❧

LE VIEUX FRASSINET. — D'ARNALD. — GUÉRISONS. —
PESTE.

———

Les religieux de saint François, une fois
établis auprès de l'oratoire de Bon-Encontre,
ne manquèrent pas de s'informer avec une religieuse exactitude des événements merveilleux qui avaient donné lieu à cette dévotion,
et de recueillir tout ce qui pouvait être à la
gloire de Marie. La tradition ne pouvait encore
être altérée. Les plus âgés avaient pu être tè-
moins oculaires, et entre autres, nous dit l'ancien historien, Pierre Frassinet (1). «Cela a été

---

(1) Ancienne Histoire, p. 46.

4

confirmé particulièrement à plusieurs des Pères de notre ordre, par le témoignage de Pierre Frassinet, environ de l'âge de cent ans, neveu de Jean Frassinet, et cousin germain du recteur, homme de qui la vie méritait qu'on crût à sa parole, et qui a déclaré plusieurs fois qu'il s'était trouvé à la procession, lorsque l'image fut transférée du lieu où la chapelle est maintenant bâtie, dans l'église de Sainte-Radegonde, et que son père lui en avait fait plusieurs fois le récit afin que, l'imprimant en sa mémoire, elle pût servir, comme elle a fait, d'un fidèle registre à la postérité. »

Ainsi, Marie avait protégé ce vieux rejeton d'une souche bénie pour servir de témoignage aux enfants de saint François. Le bon vieillard avait conservé le souvenir fidèle des grandes merveilles que Dieu avait opérées dans sa famille en faveur de toute la contrée. Il le remit comme un dépôt sacré aux mains des religieux, afin qu'ils le transmissent d'âge en âge. Tranquille maintenant sur l'honneur de sa famille et de son pays, ravi de la gloire de Marie, laquelle commençait à briller comme une belle aurore, il se crut désormais inutile sur cette terre. Ses yeux avaient vu assez de merveil-

les ; son cœur avait goûté assez de consolations ; l'établissement des religieux ne per-
mettait aucune inquiétude à sa reconnaissance.
Occupé maintenant de la beauté des taberna-
cles éternels, après lesquels il soupirait, il
attendit au milieu de ce calme que donne une
vie toute passée dans l'innocence, que son
âme, s'envolant de sa demeure terrestre, fût
présentée par Marie au trône de celui qui
donne la couronne à la vertu. Le respect dont
il avait été l'objet, ainsi que sa famille, ne fi-
nit point avec lui. Ce nom a toujours été cher
aux habitants de la contrée, et surtout bien
connu des pauvres (1).

Le témoignage de ce vénérable vieillard
n'est pas le seul qui nous reste de ces temps.
Un auteur contemporain, d'Arnald, procureur
du roi, dans ses *Annales d'Agen*, qu'il fit im-
primer en 1606 (2), trois ans avant que le maré-

---

(1) A une époque qui n'est pas encore bien éloignée
de nous, la femme d'un Fraissinet de Bon-Encontre n'é-
tait connue dans la contrée que sous le nom de *Mère* ;
tant elle répandait partout avec un zèle affectueux des
secours de toutes sortes.

(2) La statue avait été trouvée entre 1500 et 1515.

chal d'Ornano fit construire la Sainte-Chapelle,
s'exprime ainsi : « Je ne puis passer sous silence cette particulière grâce et bénédiction
que Dieu a octroyé à cette cité (Agen), par la
nouvelle et fréquente dévotion que tout le pays
circonvoisin a depuis peu d'années à cette
sainte et dévote chapelle de Notre-Dame de
Bon-Encontre, près cette ville, qui s'accroît et
s'augmente tous les jours. L'affluence du peuple, ardent de dévotion, y accourant de toutes
parts des environs et des contrées éloignées,
imite et suit de bien près la célébrité des vœux,
dévotions, pèlerinages et voyages qui se font
à Notre-Dame de Lorette ou de Mont-Sarrat ;
ou pour parler de plus près, sans bouger du
lieu, cette dévotion et affluence de peuple y
accourant de tous endroits, est un vrai renou-
vellement de ce qui avait coutume de se faire
anciennement à ce saint lieu et ermitage dé-
vot de Saint Capraise, cellule et habitation
heureuse de Saint Vincent d'Agenois. »

Le souvenir de plusieurs merveilles opérées
à cette époque est parvenu jusqu'à nous. L'année 1613 surtout est signalée par plusieurs
guérisons remarquables, dues à la protection
de Marie. Nous n'en rapporterons qu'une en

cet endroit : Jeanne de la Serène , épouse du
sieur de Pomiez, de Valence, fut atteinte d'une
violente pleurésie. Le mal fit de rapides pro-
grès; et la malade, ne conservant plus l'espoir
de réchapper, songea à se préparer au terrible
passage de l'éternité. Elle reçut les sacrements
que l'Eglise a placés au terme de la vie pour
purifier l'âme avant qu'elle paraisse devant
Dieu. Le prêtre qui l'assistait attendait le moment où il devait dire à l'âme chrétienne de
partir pour aller se réunir à son créateur. Par
des paroles pleines de foi , il la tenait élevée
vers le Ciel , ne lui permettant plus d'abaisser
ses regards vers ce monde inférieur. Dans
toute la maison ce n'était que larmes et san-
glots; car quelle perte peut être comparée à
la perte d'une vertueuse mère de famille ?
Elle est l'ange de la maison ; sa douceur inspire la vertu , communique le bonheur à tous
ceux qui ont l'avantage de lui appartenir.
Quand la mort vient frapper le père ou le fils,
la douleur et le deuil visitent cette maison ;
mais quand la vénérable mère est enlevée,
c'est la solitude qui vient la remplacer, et trop
souvent la vertu disparait avec elle de sa demeure. Tels étaient les malheurs que redou-

taient le sieur de Pomiez et ses filles, Louise
et Antoinette ; ce malheur, ils le voyaient in-
évitable ; mais la pieuse mère entendit au fond
de son cœur un langage connu des amis de
Dieu. Elle comprit que si elle s'adressait à
Marie elle vivrait encore, quelque désespéré
que fût son état, et que sa guérison servirait
à étendre la gloire de la mère de Dieu. Cédant
à cette pensée qui la presse, et qu'elle regarde
comme une inspiration, elle fait vœu de visiter pieds nus la chapelle de Bon-Encontre, d'y
rendre ses hommages à Marie, au pied de la
statue miraculeuse, si elle obtient la grâce
qu'elle demande. Voyant luire un rayon d'espérance, ses filles s'empressent d'unir leurs
vœux à celui de leur mère : elles iront aussi,
pieds nus, à l'autel de Marie ; rien ne coûtera
à leur tendresse. Qu'elles aient seulement le
bonheur de conserver leur mère ; elles achè-
teraient sa vie au prix de tous les sacrifices.
Tant de foi, tant de piété filiale avait fait ré-
voquer dans le Ciel l'arrêt de mort. Le même
jour, la fièvre quitta la malade, les douleurs
s'apaisèrent, et même la faiblesse ne l'empêcha pas de se lever de son lit. On conçoit quelle
dut être la joie de la famille ; jamais la bonne

mère ne lui parut aussi digne de sa tendresse. Les voisins qui l'avaient visitée pendant sa maladie ne pouvaient contenir leur admiration ; tous bénissaient la mère de Dieu, et révéraient de plus en plus le sanctuaire de Bon-Encontre. Cette guérison s'était opérée vers la fête de Noël. La dame de Pomiez attendit le retour de la belle saison pour acquitter son vœu, et le 13 avril on la vit, suivie de ses deux filles, prosternée devant la Vierge, salut des infirmes. Elle fit la déclaration du prodige opéré sur elle, en présence de messires Antoine Dasqué et Bernard de Foix, prêtres ; de maîtres Antoine Charpaut, notaire royal d'Agen, et de Jean Raliéry, avocat, qui signèrent tous sa déposition.

Les années suivantes, même concours, même succès. Les guérisons s'opéraient sur des personnes de tout âge et de toute condition ; mais nous en trouvons un très-grand nombre qu'obtint la tendresse maternelle. Marie, du haut de son modeste trône de Bon-Encontre, régnait sur toute la contrée ; par ses bienfaits, elle cherchait à conquérir tous les cœurs, pour les donner à son fils. Mais parmi ses sujets, une portion bien intéressante

était l'objet de sa sollicitude : c'étaient les
jeunes enfants. Il n'est que trop ordinaire que
la mère, comptant sur son amour, laisse gran-
dir son fils sans invoquer sur lui le secours de
la Reine des Anges. Or, cette mère est aveugle dans sa tendresse; car que peuvent tous
ses soins pour le bonheur de son fils ? Jamais
elle ne lui prouvera mieux son affection qu'en
le consacrant à Marie. Cette consécration lui
assure souvent la vie, quelquefois le bonheur
de porter jusqu'au tombeau, après de longues
années, la robe de l'innocence; ou du moins
c'est un gage presque assuré qu'il rentrera
dans le chemin de la vertu, s'il s'en écarte.
Quelquefois, à la vérité, il sera moissonné
comme une tendre fleur, au printemps de ses
jours; mais c'est la Vierge prévoyante qui le
transporte dans les parvis éternels, pour que
sa beauté ne soit point flétrie par le vice; et
pour consoler la mère, elle lui montrera son
fils parmi les Anges. Telles étaient les vérités
que Marie voulait faire comprendre à son
peuple; et pour éveiller son attention, elle
ménagea plusieurs événements merveilleux.
Nous n'en rapporterons ici qu'un seul, ren-
voyant les autres à la fin de cet écrit. Dans la

ville d'Agen, la dame Alard, née Chausolle,
vit son jeune enfant, après une maladie assez
longue, devenir paralytique; ses deux bras
se roidirent, son petit corps se courba, et il lui
était impossible de lever la tête vers le ciel.
C'était chose bien triste à voir; et le cœur du
père et de la mère était navré de douleur.
Rien ne fut négligé pour lui procurer quelque
soulagement. Jean de Laval, maître chirurgien, exécutait ce que les sieurs du Luc et
de Maures, médecins, ordonnaient pour arrêter le cours de la maladie. Leurs efforts furent
inutiles, et ils avouèrent l'impuissance de leur
art. Alors la mère tourna ses yeux vers Notre-
Dame de Bon-Encontre; elle porta l'enfant à
la sainte chapelle; et, pendant le saint sacrifice, au moment où elle acquittait les vœux,
faits pour sa guérison, le mouvement revint
aux bras de l'enfant, son corps se redressa, et
tout remède fut désormais inutile. Le prodige
était évident; les médecins en firent la déclaration. Ce témoignage fut encore confirmé par
la veuve Dalot, la dame Sabarots et Trinque,
habitants d'Agen, présents alors à Notre-Dame,
le 8 septembre 1623. La tradition ne nous a
point appris ce que devint cet enfant; mais

4.

on ne peut douter que la mère reconnaissante ne lui ait appris à prononcer avec respect le nom de Marie, à la prier, à chanter ses louanges; ce sont là les premiers éléments qu'une mère chrétienne doit enseigner à son fils; et quand l'âge eut développé sa raison, elle alluma sans doute dans son cœur de vifs sentiments de gratitude pour les bienfaits de la Vierge. Cette mère a dû être heureuse; car l'enfant modeste, qui aime et qui sert Marie, est le plus beau et le plus aimable des enfants.

Malgré tant de prodiges en faveur de son peuple, Dieu voyait bien des ingrats, qui courbaient leur front devant d'autres divinités. Pour ramener les cœurs égarés, il envoya de nouveau ce fléau, tiré du trésor de sa justice, et dont les coups terribles font reconnaître la main puissante qui les porte. La peste exerça encore ses ravages. Le *secours des infirmes* était trop voisin pour que la ville d'Agen n'en profitât pas. Des vœux sont adressés à Marie; on lui rappelle qu'en se choisissant une demeure près d'Agen, ce n'est pas sans doute au petit hameau seulement qu'elle veut accorder ses faveurs; elle est pour eux la *forteresse de David,* destinée à protéger leur cité. Agen est coupable, mais ils sont aux pieds de la *Mère de Misé-ricorde ;* Agen est coupable, mais dans ses maisons, mais sous ses cloîtres, séjour de tant d'âmes pures, habitent plus de dix justes : d'ailleurs si Dieu en exigeait un plus grand nombre, ils allaient soulever la pierre qui ferme la bouche d'un abîme, et ils montre-raient à la face du Ciel, pour l'apaiser, les os-sements d'un millier de généreux martyrs (1). Leur terre était une terre sainte, arrosée du sang des Confesseurs de la foi ; elle avait peu-plé le Ciel d'un grand nombre d'habitants. Le champ qui s'est couvert d'une riche moisson est aimé du laboureur. Leur reconnaissance sera sans bornes ; et dans la suite des siècles,

---

(1). La persécution suscitée par Dioclétien et Maxi-mien exerça à Agen de grands ravages. La plupart des spectateurs du martyre de sainte Foi et de saint Caprais, indignés de l'inique sentence qui les avait condamnés à mort, et touchés du courage des saints athlètes, abju-rèrent le culte des idoles et reprochèrent sa cruauté au gouverneur Dacien. Celui-ci les fit tous saisir par ses sa-tellites et les condamna à mort. Une troupe de païens, avide de carnage, se précipita sur eux, armée de pierres, de bâtons et d'épées, et les massacra, tandis qu'à genoux et sans tenter la moindre défense, ils faisaient à Dieu le

leurs enfants, héritiers de leurs sentiments, viendront au sanctuaire de Bon-Encontre, où l'action de grâce se perpétuera sans-fin. La Vierge entendit leurs vœux. Toute puissante sur le cœur de son fils, elle jette sur lui un regard qui demande grâce ; et aussitôt l'Ange exterminateur reçoit ordre de renfermer l'épée dans son fourreau.

Long-temps les vœux de nos pères furent accomplis ; du moins ils n'oublièrent rien pour exprimer à Marie leur gratitude. Presque tous les habitants sortirent des murs, où ils ne laissaient plus de malades, traversèrent en grande pompe cette plaine, naguère si triste ; et, pour acquitter leur vœu (1), ils vinrent suspendre

---

sacrifice de leur vie. Le lieu de l'exécution porte encore aujourd'hui le nom de *rue des Martyrs*. Leurs restes furent jetés dans un gouffre voisin. Ce terrain marécageux s'étant peu à peu desséché, on construisit au dessus une chapelle : c'est aujourd'hui celle des Pénitents-Gris. Sous le maître-autel se trouve une chapelle souterraine ; et sous l'autel de cette chapelle basse, on voit la margelle de l'espèce de puits où furent précipités les martyrs. Ce sanctuaire jouit encore de la plus grande vénération.

(1) Labénasie rapporte que : « l'an 1629, pour déli-

une lampe d'argent devant l'image de la Vierge. Sa flamme perpétuelle devait être le symbole de leur amour, qui n'aurait pas de fin. La lampe, par sa magnificence, annonçait le présent d'une cité. L'étranger qui la voyait demandait quelle grande faveur avait attiré cette marque de reconnaissance ; les pères disaient à leurs enfants : Voilà un gage de miséricorde de Marie sur nous ; que la mémoire ne s'en perde jamais.

Pourquoi la chaîne de ces souvenirs a-t-elle été brisée ? Pourquoi tous ces monuments ont-ils disparu ? Après ces catastrophes où souve-

---

vrer Agen du fléau de la peste, les consuls y firent un vœu (à Notre-Dame-de-Bon-Encontre) et y donnèrent une lampe d'argent, avec cette inscription autour : *Sex viri consules Aginnenses voti causâ quod pro peste ab urbe relegandâ emiserant die* 7.ª *mensis junii* 1629, *Deo optimo maximo et B. Mariæ Virgini de Bonrencontre hoc anathema posuerunt;* c'est-à-dire : Les six consuls d'Agen, pour acquitter le vœu fait pour éloigner la peste de la ville, le 7.ᵐᵉ du mois de juin 1629, ont présenté cette offrande à Dieu très-bon, très-grand et à la B. Vierge Marie de Bonrencontre. Les consuls, continue Labénasie, l'exécutèrent le 16 avril 1630. M. l'Évêque y fut avec eux et y célébra la messe. » C'était Claude de Gélas.

nirs, religion, tout a été entraîné dans le même tombeau, on est obligé de chercher les débris épars de tout ce qui fut. Comme ce qui entretenait un souvenir ne se voit plus, le souvenir s'altère et s'efface, la reconnaissance disparaît, la confiance s'affaiblit, et demande même les motifs qui l'engageraient à croire. Recueillant les débris historiques de ces monuments avec plus de vénération encore que l'antiquaire ne recherche les vestiges du passé, j'ai voulu comme donner une nouvelle existence à ce qui n'existait plus, afin de ressusciter la reconnaissance et l'amour envers Marie. L'ami des arts, en lisant les vicissitudes de la sainte chapelle, aura aussi une preuve de plus d'une vérité digne de son attention : c'est qu'il est dans le caractère de la vraie religion de donner de la durée aux sentiments d'admiration, d'amour ou de reconnaissance qu'elle inspire ; d'écrire son histoire avec des monuments qu'elle voudrait voir parvenir jusqu'à la fin des âges, pour appeler chaque siècle à la participation de ses bienfaits ; tandis que l'impiété sacrifie à sa haine contre la vérité même les titres de gloire qui illustrent une contrée.

CHAPITRE XIII.

ÉTABLISSEMENT, DANS LA VILLE, D'UN PETIT HOSPICE POUR LES RELIGIEUX DE BON-ENCONTRE.

Il y avait déjà plusieurs années que les Religieux de Saint François faisaient fleurir à Bon-Encontre le culte de Marie, et cherchaient à seconder la dévotion des fidèles. Le nombre des pèlerins augmentait tous les jours. Quelques-uns des Pères tombaient malades, et leur maladie surchargeait le travail des autres. La belle route qui conduit aujourd'hui à Notre-Dame (1) n'existait pas, et pendant l'hiver le

---

(1) M. Pelet, intendant en Guienne, affectionna Agen et choisit cette ville pour sa résidence. Témoin de l'af-

chemin d'Agen était à peine praticable. Il était
donc bien difficile de procurer les différentes
provisions nécessaires aux Religieux et aux
étrangers, des remèdes et un médecin pour
les malades. Toutes ces considérations enga-
gèrent le frère Bernard, provincial des Religieux du Tiers-Ordre de la province Saint-
Elzéar, en Guienne, de solliciter la faculté
d'avoir, dans la ville d'Agen, un petit hôpital
pour leurs malades. Par ce moyen, ils pourraient, à Bon-Encontre, vaquer entièrement
aux fonctions de leur ministère, et leurs malades auraient tous les soins qu'exigeaient leur
état. Cette mesure procurait encore à leur
Ordre un autre avantage, celui de travailler
aussi au salut des âmes dans la ville d'Agen :
la charité a une sorte d'ambition que le monde
ne comprend pas toujours. Croyant ces raisons
suffisantes pour agir, le frère Bernard adresse
une demande au nom de toute la province,

---

fluence des pèlerins qui visitaient la chapelle de Bon-
Encontre, et de la difficulté d'y parvenir, il fit faire en
1666 ce chemin qui, passant près de Sainte-Radegonde,
va joindre le pied du coteau de Notre-Dame. M. de Tourni,
nommé à la même charge en 1743, fit ouvrir la grande
route de Bordeaux à Toulouse. (*Labrunie.*)

d'abord à Jules Mascaron, évêque d'Agen, puis aux Jurats de la ville, et enfin au Roi Louis XIV.

Le pieux et savant évêque qui appréciait les exemples et les travaux des enfants de saint François, dans son diocèse, leur répondit de la manière la plus obligeante : «Jules, évêque et Cte d'Agen... : nous avons cru conforme, non seulement à la charité qui nous presse, mais surtout à l'équité, de procurer aux généreux ministres qui, appelés à partager notre sollicitude, donnent aux âmes tant de secours spirituels, dans notre diocèse, toutes les commodités qui pourraient les refaire un peu de leurs fatigues, après leurs travaux évangéliques ; afin qu'ainsi refaits, ils reprissent avec plus de vigueur les soins du ministère. Connaissant parfaitement quels fruits abondants de piété notre diocèse d'Agen, et surtout notre ville épiscopale retire de la fréquentation de la sainte chapelle, vulgairement appelée Notre-Dame de Bon-Encontre, située à une lieue environ de la dite ville ; et dans laquelle les frères de la congrégation des pénitents du Tiers-Ordre de saint François, établis d'après l'autorisation épiscopale et royale, du consentement des Agenais, servent Dieu nuit et jour, sous les auspices de Marie, entretiennent la piété des fidèles, soit par l'administration des sacrements, soit par l'oblation fréquente du sacrifice non sanglant, pleins de zèle pour procurer toute consolation aux pèlerins qui visitent par dévotion la Sainte Chapelle, ce qui ne peut se faire sans un grand nombre de prêtres et de frères ; il est juste que, si dans un exercice si saint et si laborieux, il se rencontre quelque obstacle, nous nous appliquions à le faire entièrement disparaître. C'est pourquoi le frère Bernard, provincial, et le frère Amable Riom, ex-provincial de la province de Saint-Elzéar, nous ayant exposé que leurs frères, qui vivent dans le couvent de Bon-Encontre, se trouvant dans ce lieu écarté, dépourvu de tout secours, sont dans le nécessité de venir tous les jours à la ville pour vivres, vêtements ou remèdes, ce qui ne peut se faire sans ennui, fatigue et diminution considérable de leurs médiocres ressources, et sans une grande perte de temps, et, ce qui est le plus déplorable, sans nuire beaucoup à la piété et à l'esprit de leur vocation, puisque étant forcés de fréquenter continuellement des séculiers, qui ne goûtent pas

les choses de Dieu, ils reviennent dans le monastère, infectés de l'air pestilentiel du siècle;

« Nous, touchés de ces raisons et de ces
prières, et voulant remédier à de si grands in-
convénients; de plus, cédant aux vœux de
toute la cité d'Agen, qui, depuis plusieurs années, compte ses frères au nombre de ses citoyens; au nom du Tout-Puissant, nous accordons aux dits frères, de notre autorité épiscopale, d'élever un hospice dans notre ville, d'y
ériger et consacrer un oratoire public, sous
l'invocation de Notre-Dame de Bon-Encontre,
avec pouvoir d'y célébrer même publiquement
l'office divin et le Saint-Sacrifice, d'y annoncer l'évangile, d'absoudre les pécheurs, de visiter et consoler les malades qui les appelle-
ront, et de donner aux fidèles tous les autres
secours spirituels, selon que l'exigent la charité, les préceptes de l'Eglise et la coutume.
Cependant, comme nous ne voulons rendre
onéreuse à personne la faculté que nous accordons aux frères du Tiers-Ordre, nous déclarons que notre intention est, que l'hospice ne
soit pas habité par plus de six religieux, et que
la congrégation, établie à Bon-Encontre, four-
nira toujours, à ses frais, selon que besoin

sera, aux frères résidant dans cet hospice, vivres, vêtements, remèdes et autres secours nécessaires; et que l'établissement de l'hospice et de son oratoire ne blessera en rien les droits temporels et spirituels du curé, sur la paroisse duquel sera l'hospice, ni ceux des autres congrégations, déjà établies dans notre ville, ni ce qui, d'après le droit et la coutume, regarde notre autorité et dignité épiscopale. En foi de quoi... : donné à notre château de Monbran, 6 juillet 1687 (1). »

Jules Mascaron venait de faire construire le magnifique séminaire qui est aujourd'hui le grand séminaire du diocèse. L'ancien fut alors acheté par les religieux de Bon-Encontre. Comme l'édifice se trouvait sur la paroisse de Saint-Etienne, les religieux eurent encore à demander l'autorisation du curé. C'était alors M.e Herman Joseph de Sivin, docteur en théologie. Les conditions auxquelles (2) les religieux pourraient exercer leur ministère, sur la paroisse de Saint-Etienne, furent stipulées entre eux et le curé, pour prévenir toute ombre

---

(1) Voir à la fin le texte latin.
(2) Voir l'acte à la fin.

de division. Ces précautions prises, il fallut
encore la permission des Jurats d'Agen. La ré-
ponse de leur assemblée fut des plus favora-
bles (1). Il ne restait plus qu'à présenter un
placet au roi Louis XIV. Le voici tel qu'il fut
adressé :

« Sire,

» Supplient très-humblement les religieux
pénitents du Tiers-Ordre-Saint-François, de
notre province de Guienne, disant que, depuis
l'an 1612, ils auraient un couvent au lieu de
Bon-Encontre, distant d'une lieue de la ville
d'Agen, en une chapelle d'une dévotion célèbre, laquelle leur fut donnée par feue la reine
Marguerite, comtesse d'Agen, avec lettres patentes du roi d'heureuse mémoire, Louis XIII,
approbation de l'Évêque, consentement des
consuls et habitants de la ville d'Agen ;
» D'avoir dans la dite ville un hospice pour
y recevoir leurs religieux, y faire leurs provisions, y soigner leurs malades, et autres nécessités. Attendu la distance du lieu et la dif-

(1) Voir cette pièce à la fin.

ficulté des chemins, ils auraient logé en divers endroits de la ville, jusqu'à ce que le seigneur Mascaron, évêque et comte d'Agen, ayant fait bâtir un beau et grand séminaire pour ses ecclésiastiques, aurait jugé à propos de placer les religieux dans l'ancien séminaire de la dite ville, tant pour conserver la piété du lieu, que pour l'édification et utilité du public, que pour la commodité desdits religieux qui auraient acheté le séminaire du clergé, et en auraient de nouveau payé le droit d'amortissement. Ils s'y sont logés depuis, et y font actuellement leurs exercices réguliers à l'édification du public, conformément à l'approbation du seigneur évêque, consentement des consuls et habitants et du curé de la paroisse. Mais dans la crainte qu'à l'avenir ils ne puissent être recherchés à cause de leur changement dans le dit séminaire, ils supplient Votre Majesté de les y vouloir confirmer par vos lettres patentes. Les religieux continueront d'offrir à Dieu leurs vœux et leurs prières pour la conservation de votre sacrée personne et la prospérité de vos armes. »

Le Roi répondit que : « désirant gratifier et favorablement traiter les religieux de Saint François, et contribuer à l'affermissement du couvent de Notre-Dame de Bon-Encontre, de sa grâce spéciale et pleine puissance, il approuvait l'établissement de l'hospice demandé dans la ville d'Agen (1). »

Toutes les mesures étant prises, on ne songea plus qu'à l'exécution du projet. Bientôt Agen vit arriver dans ses murs une nouvelle colonie d'ouvriers évangéliques, dont tout le bonheur était de se dévouer au service du pauvre, de l'infirme et du pécheur. Leurs travaux ont été long-temps utiles à la contrée. Aujourd'hui, le souvenir de leurs services est entièrement perdu. La génération présente ne connaît point les ordres religieux. On les lui a peints sous des traits si bizarres ou si peu flatteurs, qu'elle les croit en général dignes de mépris. Heureux le jour où, revenus d'une erreur si funeste, nous consentirons à éprouver ce que peut, pour le bien de la société, l'homme qui, renonçant à lui-même, se donne à Dieu pour qu'il l'emploie au service de ses frères !

Jusqu'ici j'ai recueilli les souvenirs de Bon-Encontre, appuyé presque toujours sur des témoignages de la plus grande authenticité. J'ai

---

(1) Voir la pièce à la fin.

évité la discussion, et toute investigation sur l'origine de la statue vénérée. Il m'a suffi de considérer la suite des faits. De grands évêques, Janus Frégose, qui vécut peu de temps après l'invention, et qui occupa le siège épiscopal d'Agen, depuis 1558 jusqu'en 1586, Claude de Gélas et Jules Mascaron, ont prouvé, soit par leur conduite, soit par leurs écrits, l'estime qu'ils faisaient de cette dévotion. Par l'intercession de Marie, invoquée sous ce nouveau titre, des grâces de conversion, des guérisons ont été obtenues ; la ville d'Agen s'est reconnue délivrée du fléau de la peste ; la piété d'un grand nombre de fidèles s'est alimentée. J'ai vu prier le serviteur de la Vierge, et la grâce est descendue dans son âme : qu'importe à la plante altérée, comment Dieu a disposé le canal qui lui porte la rosée du ciel ? Le Tout-Puissant possède dans ses trésors de miséricorde plus de richesses que l'homme ne peu comprendre.

BIBLIOTHÈQUE ROYALE

CHAPITRE XIV.

❊

SORT DE LA SAINTE IMAGE PENDANT LA RÉVOLUTION.

———

Toutes les paroisses voisines, et même plusieurs assez éloignées ne manquaient pas de venir tous les ans à Bon-Encontre rendre leurs hommages à la Vierge. Marie était vraiment la reine de la contrée, et son règne n'était marqué que par des bienfaits. De mauvais jours arrivèrent. L'impiété préparait depuis long-temps le renversement de tout ordre ; elle espérait envelopper dans cette grande ruine la religion de Jésus-Christ. Mais que peuvent les desseins des hommes contre ceux de Dieu? Le succès ne fut pas aussi complet que l'impiété se l'était promis. L'église de Bon-Encontre fut, comme les autres, l'objet de ses attaques. On envoya des émissaires pour exécuter des ordres sacrilèges. Le bruit était qu'outre les objets de prix offerts à la Vierge pour orner son sanctuaire, il y avait encore un trésor dans la niche qui est au-dessus de l'autel, et où se trouve la statue miraculeuse. Le bonheur qu'ils devaient procurer au peuple, en détruisant ce qu'ils appelaient *superstitions*, n'était pas le motif qui animait les agens du désordre : une pensée les touchait de plus près et fixait toute leur attention. Ils arrivent, entrent dans la chapelle et se dirigent vers la statue. Mais un sentiment de frayeur les arrête au pied de l'autel; ils n'osent avancer. Dieu qui avait opéré en ce lieu tant de merveilles de bonté, pourrait bien en opérer une de justice, pour venger les outrages faits à Marie. Après quelques moments d'hésitation, soit vaincus par le démon de la cupidité, soit pour n'avoir pas la honte de reculer ou de se laisser dominer par un sentiment religieux, ils bravent tout et montent, quoique en tremblant. Ils approchent leurs mains de la lourde masse de bois sur laquelle la statue est fixée, recouverte d'épaisses lames de fer, fortement attachées, afin de rendre l'enlèvement de la statue bien difficile. C'est derrière ce piédestal que la renommée plaçait le trésor. On se convainquit que le piédestal ne renfermait rien ; la statue était si bien protégée par les lames de fer, qu'il aurait fallu un travail opiniâtre pour la séparer du bois qui la soutenait ; et ils y renoncèrent. D'ailleurs, à travers la petite ouverture triangulaire, qui est vis-à-vis de la tête de la statue, ils avaient aperçu que ce n'était qu'une petite image sans prix. Alors ils se déterminèrent à la laisser dans la niche avec son piédestal.

Pendant ce temps les habitants de Bon-Encontré étaient dans la plus grande sollicitude, craignant qu'on ne leur enlevât ce précieux trésor ; des vœux bien ardents se faisaient au fond des cœurs. Ils furent exaucés : l'image de Marie ne sortit point de son sanctuaire.

La sainte chapelle communique avec le reste de l'église, par deux arceaux assez bas. Les agents déconcertés de leurs recherches inutiles, soit qu'ils voulussent se donner le mérite de la modération, soit que, vaincus par la cupidité, ils conservassent cependant au

fond du cœur un reste de respect pour les
choses saintes, dirent aux habitants : « déro-
bez la chapelle à la vue, en plaçant devant les
arceaux, des tableaux et des planches : d'autres plus méchants que nous viendront, et ils
ne se douteront de rien. » Il en vint en effet ;
mais, malgé leur audace, ils furent terrifiés,
craignirent d'aborder l'autel et s'enfuirent de
l'église. Des témoins, dignes de foi, ont vu ce
saisissement qu'ils n'ont pu s'expliquer sans
reconnaitre l'intervention d'une puissance su-
périeure. Quelques nouvelles tentatives se firent encore, non plus pour avoir le prétendu
trésor, mais pour démolir la chapelle. Aux
premiers coups, une frayeur subite s'empara
des ouvriers de l'iniquité, et ils n'osèrent ache-
ver leur œuvre. Là se terminèrent les profanations ; et pendant le reste du temps aucun de
ces hommes de désordre ne souilla le sanctuaire de sa présence.

Les fidèles rendirent grâce au Ciel ; et la
conservation de leur statue fut pour eux une
nouvelle merveille de la puissance et de la
bonté de Marie. Puisque leur bonne mère ne
voulait point se séparer d'eux, ils espéraient
qu'il viendrait des jours meilleurs où ils pour-

raient de nouveau lui rendre solennellement leurs hommages.

Ainsi se consolaient les âmes pieuses ; et, au fond de leur cœur, elles ne cessaient d'adresser des vœux à Marie pour obtenir que le temps des calamités fût abrégé. En attendant, au milieu de ce débordement de vices, bien des vertus firent naufrage. Point d'instruction, point de sacrements pour nourrir les âmes. La mort enleva plusieurs fidèles serviteurs de Dieu ; ils étaient dans leur famille comme un sel conservateur qui empêche la corruption. La génération naissante n'ayant sous les yeux que des exemples d'impiété et de désordre, ne connut la religion de ses pères que par les outrages dont elle était l'objet. Ainsi s'affaiblit la foi ; ainsi s'éteignit au fond de presque tous les cœurs le zèle pour le culte de Marie ; et quand le temps de la tempête fut passé, on comprit combien avaient été grands les ravages de l'impiété.

CHAPITRE XV.

LES PROCESSIONS RECOMMENCENT. — LES PAROISSES ; LES CONFRÉRIES ; LE SÉMINAIRE.

Un corps, épuisé par la maladie, reprend lentement ses forces. Les sentiments religieux étaient presque éteints ; le zèle pour le culte de Marie n'était plus que comme un feu sacré, déposé au fond de quelques cœurs ; il devait se rallumer bien lentement. Les premières années qui suivirent l'ouverture des églises, le sanctuaire de Bon-Encontre ne fut visité que par un très-petit nombre de pèlerins. Peu à peu le souvenir des anciennes bontés de Marie revint à l'esprit des populations voisines. On commença à aller demander grâce et miséricorde, et témoigner la reconnaissance de ce qu'on sortait de l'abîme du désordre. Alors eurent lieu ces processions qui depuis se renouvellent tous les ans.

Parties d'Agen ou des paroisses voisines, les dimanches qui suivent la fête de Pâques, elles se dirigent vers Bon-Encontre, en chantant les louanges de Marie. A la vive expression des voix, on reconnaît que le cœur des pèlerins est dans l'espérance et la joie, joie innocente que l'homme ne peut produire dans ses fêtes, mais qui se trouve toujours sous les bannières de Marie.

Le peuple, plein d'un sens exquis dans les noms qu'il invente, a donné celui d'*Angéles* aux jeunes personnes, vêtues de blanc, qui ouvrent la procession ; indiquant ainsi quelles doivent être les dispositions de leurs âmes pour célébrer la gloire de leur patronne et se présenter devant son autel. La nature à cette époque semble s'unir à ce concert de louanges, en déployant l'éclat de sa parure qu'elle mêle à la pompe des fidèles. Ainsi, tous les ans, les habitants des contrées voisines de Bon-Encontre, ont la consolation de visiter le sanctuaire qu'elle s'est choisi au milieu d'eux.

A ces époques solennelles, on pourrait dire
à la fille de Sion de dilater sa tente : tant sont
nombreux les enfants qui, de toutes parts,
viennent se réunir autour d'elle. Les chants
des hymnes, des cantiques des diverses processions, se mêlent dans un désordre qui n'a
rien de désagréable en ce jour. On y répète
surtout ces belles litanies, dans lesquelles l'E-
glise, ne pouvant rendre à son gré son admiration pour les admirables qualités de la Vierge, a réuni tous les noms, capables d'exprimer son respect et son enthousiasme. Pour
composer cette prière, dédaignant l'expression
que lui fournirait la science de l'homme, elle
a choisi parmi tous les mots qui, prononcés dans
le Ciel, ont retenti jusqu'à nous; elle a inter-
rogé les Saints, leur a demandé comment,
dans leurs entretiens avec Dieu, ils ont appris
à la nommer. Riche de ces communications
célestes, l'Eglise a rassemblé tous ces titres,
à la gloire de la Reine du Ciel, comme avec
des fleurs on tresse une couronne.

Une seule chose vient quelquefois troubler
cet admirable concert. Il est pénible de voir,
au milieu de ces troupes pieuses, des hommes
que les mêmes sentimens ne conduisent pas à

Bon-Encontre. Ils regardent avec dédain ces pratiques qu'ils sont loin de comprendre. Mais leur exemple ne doit point ébranler les fidèles. Jésus-Christ, vérité éternelle, descendue du Ciel pour nous instruire, nous a appris à respecter les pratiques extérieures de piété. Il ne se dispensait d'aucun acte commandé par la loi; il jeûnait, il allait souvent prier au temple, à genoux et prosterné. Avant de manger le pain que la charité lui fournissait, il élevait les yeux au Ciel, et bénissait la main qui donne aux hommes leur nourriture. Après la Cène, il chante l'hymne d'actions de grâces. Toute sa conduite recommande ce culte extérieur, si capable de réunir les hommes dans les mêmes sentiments, de les amener à l'unité de cœur.

Les différentes confréries de Pénitents d'Agen reprirent aussi leurs anciens usages; et, tous les ans, ils se rendent encore à Bon-Encontre.

Quelques années plus tard, pour réparer les pertes du sanctuaire, deux séminaires furent établis. Tous deux ils rivalisèrent de zèle pour le culte de la Mère du Dieu. Un jour la troupe des enfants et des adolescents qui habitaient le Petit-Séminaire se dirigea vers Bon-Encontre. La Vierge avait inspiré à celui qui les dirigeait de les conduire à ses pieds et de les lui consacrer. A des enfants il faut les soins d'une mère, et Marie voulait en remplir les devoirs. On ne tarda pas à éprouver les effets sensibles de sa protection. Le Séminaire ne faisait que de naître ; et, sans passer par ces accroissements progressifs, ordinaires à ce qui commence, il atteignit d'abord cet état de vigueur et de régularité qui est ailleurs le fruit de plusieurs années de travail et d'expérience.

Une protection si marquée demandait une nouvelle marque de confiance, qui devait être couronnée par de nouveaux succès. Quelques années s'étaient à peine écoulées, le Séminaire fut de nouveau conduit aux pieds de Marie ; et, à l'exemple de plusieurs saints et illustres personnages, (1) le supérieur, dans une cérémonie solennelle, offrit à la Vierge les clefs de la maison, la reconnaissant pour maîtresse et souveraine. Ce fut un jour de joie et de triomphe pour la Reine et ses nouveaux sujets. Dès-lors son œil s'attacha sur cette commu-

_____

(1) Sainte Thérèse de Jésus, M. Olier, etc.

nauté : cette offrande lui donnait droit sur tous les membres. Elle se chargea donc de préparer les cœurs de ses enfants, dociles à ses inspirations, pour qu'ils devinssent plus tard de dignes ministres du sanctuaire, et propageassent, pour le bonheur des hommes, sa gloire et celle de son fils. Son espérance ne fut pas trompée : le culte de Marie languissait encore dans le diocèse. Le Petit-Séminaire fut des premiers à donner l'exemple de consacrer à la Vierge le mois de mai ; et, peu de temps après, cet usage salutaire s'est répandu de cette maison, comme de sa source, dans plusieurs paroisses du diocèse, et y a fait germer des fruits de vie.

Mais toutes les visites à Bon-Encontre n'avaient pas uniquement pour but d'offrir des hommages à la divine Mère. Un jour aussi fut choisi, et l'anniversaire en est célébré avec soin, pour venir étudier les exemples de Jésus, son fils, et apprendre comment un prêtre doit aimer les hommes. C'est le jeudi, octave du très-saint Sacrement, fête du Sacerdoce de N. S. Jésus-Christ. Dès le matin, la cloche de Sainte-Radegonde annonce que la jeune troupe se met en ordre sur le gazon d'une prairie voi-

sine, et part en chantant les louanges de la
Vierge. On arrive à l'Eglise. Marie introduit
ses enfants ; mais aujourd'hui les honneurs
de la fête ne sont pas pour elle ; et sa main les
dirige vers le maître-autel, et non vers son
sanctuaire. Là Jésus est exposé à leurs yeux :
c'est le maître *doux et humble de cœur ;* c'est le
pasteur *qui recherche la brebis perdue; qui donne sa
vie pour ses brebis;* c'est l'*Agneau qui s'est chargé
de nos infirmités et de nos iniquités;* c'est celui qui
crie : *Venez à moi, vous tous qui travaillez et qui
êtes chargés, et je vous soulagerai;* c'est le prêtre
parfait; c'est le souverain Prêtre. Quelques moments après il descend dans leur cœur, et y
dépose ces germes de charité et de dévouement
qui porteront leur fruit en leur saison.

Le Petit-Séminaire, à différentes époques,
a marqué sa reconnaissance par plusieurs of-
frandes. La statue, qui domine en-dehors la
grande porte d'entrée, fut offerte et placée
dans la niche, une veille de vacances. Les
jeunes élèves formaient un vaste cercle sur la
place, et chantaient de grand cœur les louanges de Marie, à mesure que la statue s'élevait
dans les airs. Ensuite ils partirent pour rentrer
dans leurs familles, pleins d'espoir que la bé--

nédiction de la Vierge les préserverait de la contagion du monde.

Tout l'autel de la chapelle de saint Joseph avec le tableau, le tabernacle en marbre du maître-autel, la table de communion de la sainte chapelle, et plusieurs autres objets d'ornement sont des témoignages de la reconnaissance de cette maison pour Notre-Dame de Bon-Encontre.

Ainsi cette église doit être chère, à bien des titres, au clergé de ce diocèse. Presque tous les membres y ont consacré à Marie leur enfance ou leur jeunesse. Ils ne peuvent y entrer sans que de bien doux souvenirs se présentent en foule à leur esprit.

Depuis que les exercices du mois de Mai se sont répandus, l'église de Bon-Encontre est visitée par un concours de plus en plus nombreux. Désirons que ce concours augmente encore, que la dévotion à la Reine du Ciel anime encore la ville d'Agen, et que ce sanctuaire lui soit toujours cher. Ceux de ses habitants qu'une intention pure y conduit, y trouveront toujours un adoucissement à leurs maux; et, si une calamité publique venait à fondre sur la contrée, on ne manquerait pas

d'éprouver que c'est un heureux voisinage
que celui du sanctuaire de Bon-Encontre. Nos
pères l'éprouvèrent; la peste cessa aussitôt
que leurs vœux furent prononcés. Et qui oserait dire qu'une prière semblable n'a pas
écarté de nous, il y a quelques années, ce
fléau qui a ravagé une partie de la France et
effrayé l'autre, tandis que Toulouse et Bordeaux voyaient périr leurs habitants.

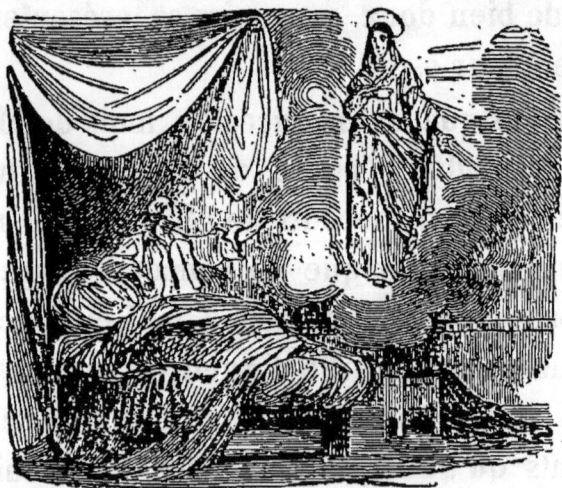

CHAPITRE XVI.

ANCIENS REGISTRES. — GUÉRISONS. — PROTECTIONS.

Il ne reste plus qu'à citer les traits de la protection de Marie, parvenus jusqu'à nous. Peut-être plusieurs personnes seront étonnées de trouver leur nom dans ce recueil : leurs pères ne leur ont pas transmis, avec une maison et des champs, la connaissance des merveilles opérées en leur faveur, oubliant qu'un souvenir honorable est aussi un précieux héritage. Pourquoi laisserions-nous perdre la mémoire de ces bienfaits? Leur souvenir pourra exciter envers Marie quelque sentiment d'amour et de reconnaissance. C'en est assez pour que je recueille tous les noms que les anciens registres nous ont conservé. Je ne ferai point de choix ; je les graverai tous sur ce petit monument, avec le regret que le malheur des temps nous ait enlevé la connaissance de tant d'autres. La considération, que ce sont le plus souvent des faits merveilleux, ne m'arrêtera nullement. Dieu opère des merveilles parce qu'il est bon et puissant. Celui qui a fait les lois de la nature peut les suspendre ou les modifier à son gré. Mais il n'est pas tellement jaloux de sa puissance, qu'il ne daigne quelquefois la partager avec ses amis, pour les récompenser de leurs éminentes vertus, quand on réclame avec confiance le secours de leur intercession. Ceux qui invoqueraient Marie, la trouveraient-ils moins favorisée ? Puisque la tendresse filiale éclate parfois sur cette terre d'une manière si touchante, que ne doit-elle pas être dans le Ciel ? Que ne doit pas faire Jésus pour l'honneur de Marie ?

Peut-être pourrions-nous craindre que, dans des siècles de foi, nos pères n'eussent admis trop facilement pour miraculeux, des faits qui ne l'étaient point. Pour rassurer le lecteur, je n'ai qu'à mettre sous ses yeux l'avertissement donné par les Pères de Bon-Encontre aux

pèlerins qui croiraient avoir éprouvé la protection de Marie. « (1) Il est bon de celer le
secret du Roi ; mais c'est une chose honorable
de confesser et révéler les œuvres de Dieu,
dit l'Ecriture sainte. C'est pourquoi ceux ou
celles qui auront reçu quelque grace spéciale
de Dieu, par l'intercession de Notre-Dame,
soit pour la guérison du corps ou de l'esprit,
ou qui auront reçu quelque secours en leurs
affaires et afflictions, seront avertis de s'en retourner chez eux, avant que d'en avoir donné
avis à ceux qui ont la charge de recueillir fidè-
lement et authentiquement les miracles qui se
font par l'intercession de Notre-Dame de Bon-
Encontre. » Ainsi le recueil que faisaient les
Religieux était consciencieux et sévère ; et ils
ne voulaient point le grossir de rêves et de
transports d'imagination. Ils voulaient que la
vérité eût le temps de se faire jour, avant de
la consigner dans leurs registres.

Mais les maladies du corps ne sont pas les
seules que la protection de Marie ait soulagées ;
elles ne sont qu'une bien faible partie. Que
serait-ce si je pouvais énumérer ici les mira-

---

(1) Petit livre d'instructions aux pèlerins, p. 42.

cles d'un autre genre et aussi réels qui se sont
opérés au sanctuaire de Bon-Encontre? Les
miracles ne se produisent pas toujours de la
même façon. De grands criminels, cachés aux
yeux du vulgaire, se mettent tout à coup à
gémir de leur vie, et cherchent franchement
le chemin de la vérité: n'est-ce pas un miracle,
et de l'espèce la plus utile, celle des miracles
sur l'âme, dans lesquels il s'agit d'intérêts au-
trement durables que ceux de la vie actuelle?
Et cette paix qui rentre subitement dans une
âme agitée, cette faiblesse prête à succomber
qui se change en une force inébranlable, ce
désir de renoncer à soi-même et de vivre à la
disposition de Dieu et du prochain, ce courage
pour se résigner à des maux, auparavant in-
tolérables, ne valent-ils pas autant de prodiges par lesquels la nature infirme est rendue
à son état normal, sans aucune transition naturelle? Voilà des prodiges qui se sont souvent
opérés, et qui s'opèreront encore, tant que les
pierres de ce sanctuaire vénéré ne seront pas
dispersées, et que la foi viendra les solliciter.

Peut-être quelque esprit, peu familiarisé
avec les idées religieuses, ignorant le doux
commerce que Dieu a établi entre la terre et

Ciel, sourira à la vue de la confiance du pèlerin; ou bien, le croyant l'objet d'une vaine illusion, il sera touché de pitié de sa crédulité. Le pèlerin peut lui rendre sa compassion et lui dire avec un grand écrivain : « (1) Heureux et quatre fois heureux celui qui croit ! Souffre-t-il, il prie et il est soulagé. A-t-il besoin de revoir un parent, un ami, il fait un vœu, prend le bâton du pèlerin, il franchit les Alpes et les Pyrénées, visite Notre-Dame de Lorette ou Saint-Jacques en Galice; il se prosterne, il prie le Saint de lui rendre un fils (pauvre matelot, errant peut-être sur les mers), de sauver une épouse, de prolonger les jours d'un père; son cœur se trouve allégé. Il part pour retourner à sa chaumière... il chante dans une complainte naïve les bontés de Marie, mère de Dieu. »

---

(1) Chateaubriand, *Génie du Christianisme.*

CHAPITRE XVII.

◈

EXTRAIT DES ANCIENS REGISTRES.

(Je ne me permets aucun changement dans l'orthographe des noms propres.)

En 1607, un chirurgien de Sérignac, nommé Jean Coéque, fut atteint d'une paralysie à laquelle se joignirent de terribles accidents. Entre autres, l'os de la hanche droite se disloqua. Après avoir vainement employé toutes les ressources de l'art de guérir, il se tourna vers celle qui est appelée la *santé des infirmes*, et fit vœu de lui présenter ses hommages dans l'oratoire de Bon-Encontre. Sa confiance fut récompensée. Il visita la sainte chapelle ; et, le lendemain, il revint dans sa maison avec une parfaite santé qu'il a conservée jusque dans sa vieillesse. Tous les habitants de Sérignac le félicitèrent de la merveille opérée sur lui, et la vérification fut signée particulièrement par François Combes, prêtre et recteur de Goulart, François Labourie, Jourdain Mombet, lieutetenant du juge de Sérignac, et Rouzières, notaire royal du lieu.

En 1613, Raymond Bonenfant, marchand de Bordeaux, fut atteint d'une paralysie qui le priva, pendant deux ans, de l'usage de ses jambes. Il ne négligea aucun remède; tous furent inutiles. Il appela alors à son aide la mère de Dieu, et promit que le premier voyage qu'il ferait serait celui de Bon-Encontre. Aussitôt les douleurs cessèrent, et le malade se vit bientôt en état d'acquitter son vœu. C'est ce qu'il fit le 22 de janvier. Il déposa qu'avec son mal il était encore travaillé d'une grande peine d'esprit qui se dissipa *comme un brouillard du matin au premier trait des faveurs de Marie.* Maître Jacques Roger, vicaire de SainteRadegonde, Gérard Bosquet et quelques marchands de Bordeaux signèrent sa déposition.

La même année Marguerite de Tournels, veuve d'Arnaud La Barthe éprouva un grand vomissement de sang. Elle en fut si affaiblie qu'étant tombée deux fois par terre comme morte, elle ne se releva qu'avec la perte du mouvement d'un bras et de la langue. Dans cet état elle fit vœu, au fond de son cœur, de visiter la chapelle de Bon-Encontre. Presque aussitôt sa langue se délia; elle bénit Marie, et, peu de jours après, elle vint acquitter son vœu dans sa chapelle. Ce fut le 18 août. Les témoins de sa déposition furent maître Julian Fresse, recteur de Saint-Pierre-de-Gaubert, maître Jean Fors, prêtre, et plusieurs autres.

Un enfant, d'environ huit ans, fut encore, cette année, l'objet des bontés de Marie. Sa mère Antoinette Baulme, veuve de Jean Bissier, différa trop de s'adresser à la Vierge. Aussi, pendant dix-huit mois, vit-elle languir sous ses yeux son fils privé de l'usage de ses jambes. Elle fit un vœu pour la guérison de son fils : aussitôt ses membres s'affermirent. Maître Antoine Bousquet, prêtre et vicaire de Donzac, messire Arnaud Merle, aussi prêtre, Antoine Ribal, syndic du lieu, Antoine Desplandys, Jean Tarrière et Michel Gras, consuls de la même année, signèrent sa déposition et attestèrent avoir vu l'enfant malade et guéri. 16 septembre.

Une femme du Saumont, Blancote Patriac, avait une partie de la figure rongée par un cancer. Tous les voisins étaient touchés de la plus grande compassion, et lui portaient le plus vif intérêt; car elle était pauvre, vertueuse et souffrante. On l'engageait à subir une opération, le seul remède qu'on vit à son mal. Son courage était effrayé de cette nouvelle épreuve. Mais Dieu voulut récompenser sa patience. Il lui inspira la pensée de s'adresser à Marie. Elle voue de visiter la sainte chapelle de Bon-Encontre, les pieds nus, et d'y faire quelque offrande, selon sa pauvreté; et pleine de foi et d'espérance, elle fait son pélerinage. Arrivée au terme, elle éprouva une guérison presque subite. Cette guérison fut attestée par le témoignage de maître Jean du Pont, recteur du Saumont, de dame Marthe de Bear et de maître Pierre Du Cos, juge de Fieux et de Calignac. 20 de février 1613.

Pierre de Quinssant, de la paroisse de Saint-Pierre-de-Clairac, fut atteint, dans la force de l'âge, d'une aliénation mentale. On crut que, le mal étant accidentel, des remèdes pour-

raient le vaincre ; mais tous les soins furent
inutiles, et deux mois s'écoulèrent en vaines
épreuves qui ne changèrent rien à sa position.
Un vœu fut fait à Notre-Dame de Bon-Encontre ; et le malade recouvra une parfaite santé
d'esprit et de corps. Il vint lui-même témoigner sa reconnaissance au pied de l'autel de
Marie, vers la fête de Pâques de 1613. Les témoins de sa déposition furent : Messires Arnaud Charrier, Claude Caulet, Victor Delmas,
Bernard Foix, prêtres d'Agen, et Etienne Au-
dibert, de la même ville.

Ne manquez de parole ni à Dieu ni aux
hommes ; le trompeur comme le parjure s'ex-
pose à l'indignation du Ciel. Antoinette d'Au-
scrat, de Pommevic, réduite aux dernières
extrémités par une maladie assez longue, fit
vœu de visiter la chapelle de Bon-Encontre si
elle recouvrait la santé. La santé revint au
gré de ses désirs, mais elle oublia les conditions auxquelles elle lui était rendue. Une re-
chute l'avertit aussitôt de sa négligence. Elle
adresse de nouveau ses vœux à Marie, avec
un vif repentir · ses vœux sont exaucés ; et,
plus fidèle qu'auparavant, elle vient à Bon-
Encontre le 21 d'août 1613 pour reconnaître ce

double bienfait et faire une amende honorable
devant l'autel de Marie, en présence de messires Julian Fraisse, Jacques Roger, Jean
Fors et Antoine Veyriez, prêtres, qui signèrent
sa déposition.

Françoise Dainhestous, épouse de maître
Géraud de Lartigue, avocat au parlement de
Bordeaux, et demeurant pour lors à Mézin,
était sans espoir d'échapper à une maladie violente. Elle n'avait plus que la mort devant les
yeux. Heureux ceux qui, dans ces moments
surtout, ont de vrais amis, formés par la religion! Ceux que forme le monde n'ont pour
vous alors qu'une stérile compassion, tandis
que les autres peuvent vous présenter ou des
consolations pour l'autre vie, ou les moyens
de prolonger celle-ci. La dame de Lartigue
possédait une amie véritable qui lui offrit de
s'engager elle-même, par un vœu, en l'honneur de Notre-Dame de Bon-Encontre, afin
d'obtenir son rétablissement. La malade accepte son offre avec joie; et comme Jésus-
Christ a promis que la prière de deux ou trois
personnes, réunies en son nom, serait toute-
puissante, elle fait le même vœu que son amie.
La maladie, auparavant désespérée, prit tout

à coup un caractère moins alarmant, et quelques jours après la dame vint acquitter sa promesse (24 octobre 1613). Elle présenta comme monument de sa guérison le suaire qu'elle devait emporter au tombeau. Elle raconta la cause de son pèlerinage en présence de Jacques Roger, vicaire de Sainte-Radegonde, de maître Jean Chirol, apothicaire d'Agen, et Michel Nogué, qui signèrent sa déclaration.

Françoise Rivière, épouse de François de la Fargue, demeurant à Sainte-Colombe, fut délivrée d'un péril imminent de mort par l'intercession de Marie. Elle avait fait vœu de visiter la chapelle de Bon-Encontre, et d'offrir une aube, un amict et une ceinture, pour le service de l'autel de la Vierge. Elle vint remplir sa promesse le 14 du mois d'avril 1613, en présence de Vacqué, Lavoiseches, J. d'Alesay Julia, Petit, Julia et Royère, notaire royal, qui reçut sa déposition.

Cette même année, Marie accorda la même faveur à Isabelle de la Crompe, épouse de Jean Gautier, d'Agen. La déposition fut faite le 3 de novembre en présence de C. de Barrière, de Nogué et de Canelié.

L'énumération de toutes ces merveilles excile à la reconnaissance ; car étant tous frères, nous sommes tous solidaires. Admirons encore des exemples et de la bonté de Dieu, et de la puissance de Marie. Jaquette de Laboulbène, épouse de Melean de l'Escale, juge ordinaire d'Agen, se vit réduite à la triste alternative, ou de mourir, ou de subir l'amputation d'un membre. Une bonne femme qui la gardait la pressa vivement de se recommander à Notre-Dame de Bon-Encontre. La foi se trouve dans l'âme simple et droite, et à la foi sont assurées toutes les merveilles. La dame se rendit à l'avis de sa conseillère ; le mal disparut presque subitement, et la guérison fut certifiée en présence du juge official d'Agen. Juillet, 1614.

Le 11 d'octobre de la même année, Marguerite de l'Estage, épouse de François Saint-Martin, d'Agen, fut visiblement protégée par Marie. Michel Nogué et Arnaud Garas, de Laplume, attestèrent que sa déposition était très véritable.

Marguerite de Born, épouse de maître Philippe Brassiet, avocat de Lectoure, fut redevable à Marie d'une faveur signalée. Elle fit sa déposition, à Bon-Encontre, en présence de messires Jean Fors, prêtre ; Jean de Barres, demoiselle Catherine de Berty et plusieurs autres. 1614.

La petite vérole avait enlevé la vue à Jeanne Felon, fille de Jean Felon, d'Agen, et de Marguerite Fabre. Cette infirmité est la plus triste de toutes : quelle jouissance, disait Tobie, peut-il y avoir pour celui qui est assis dans les ténèbres, et qui ne voit pas la lumière du ciel? La mort eût été au cœur des parents plus tolérable que cette disgrâce, à laquelle les médecins ne voyaient aucun remède. Baptiste de Labordes, juge ordinaire d'Agen, ayant fait ouvrir les paupières à la jeune aveugle, vit que la violence du venin n'y avait pas même laissé la forme des prunelles. Cependant la mère ne perdit pas toute espérance. Elle voua sa fille à Notre-Dame de Bon-Encontre, et promit de venir lui témoigner sa reconnaissance au pied de son autel, si sa chère malade recouvrait la vue. Son vœu fut exaucé. Elle fit sa déposition le 9 de septembre 1615, en présence de Baptiste de Labordes, Pierre Pressac, praticien; Ducos, notaire; Jeanne Méjanet, Mondanelly, et plusieurs autres dont quelques-uns furent spectateurs du miracle.

Aimez votre mère, car vous lui avez causé

des moments bien tristes. Que vous puissiez vous dire, avant qu'elle vous soit ravie : J'ai porté la joie dans son cœur, à la place de la tristesse des jours passés. Un homme est-il capable, une fois dans sa vie, d'une action de dévoûment et d'héroïsme, voilà qu'on le regarde comme supérieur aux autres hommes. Une bonne mère en fait cent par jour, plus héroïques encore, et son fils quelquefois ne lui en tiendra aucun compte. Nous avons vu déjà quelle énergie l'amour d'une mère donne à sa foi, les exemples ne sont pas encore épuisés. Antoinette Durfort, épouse du sieur de Villeneuve, conseiller au parlement de Guienne, gémissait auprès de son fils Louis, réduit aux dernières extrémités par la petite vérole, la fièvre continue et le pourpre. Perdant tout espoir du côté des hommes, elle s'adressa à la mère de Dieu, lui promettant d'aller acquitter ses vœux dans sa chapelle de Bon-Encontre si elle daignait lui accorder sa requête. La pieuse dame fut exaucée, et elle fit sa déposition en présence de Julien Fraisse, prêtre ; de Pierre Vausanges et Jean Sarrazin, bourgeois d'Agen; de Jacques Denard et Géraud Boygues. 8 de septembre 1615.

Encore une mère auprès du lit de son fils mourant. C'était Jeanne Delpech, épouse de maître Jean de la Crompe, conseiller en la cour présidiale d'Agen. Son fils Arnaud, épuisé par une fièvre continue, n'avait plus que le dernier souffle à exhaler. La mère, désolée, a recours à Marie. Elle s'engage à conduire son fils au pied de son autel, et à offrir le linceul qu'elle destinait déjà pour sa sépulture en témoignage de sa reconnaissance. Dame Françoise Delpech, religieuse de l'*Ave-Maria*, unit ses vœux à ceux de sa sœur. La Vierge les écouta, et Arnaud recouvra une parfaite santé. Les témoins de la déposition furent : messires Jean Malirat, recteur de la Maurelle ; Antoine Chambert, prêtre de Lamote-Bardigues, Michel Nougué, marchand, et maître Bernard Soubirous, procureur au présidial d'Agen.

En 1616, Marguerite de Combarieu, épouse du sieur de Homs, obtint de la mère de Dieu la guérison de sa fille Isabelle, qui avait eu la cuisse toute froissée par la chute d'une poutre.

La même année, Jean Chambert, laboureur de Lamote-Bardigue, s'étant brûlé la main gauche, en voulant éteindre le feu, qui avait pris à son lit, éprouva de si violentes douleurs et un tel rétrécissement des nerfs, qu'il crut ne pouvoir plus s'en servir le reste de ses jours. Il trouva une guérison parfaite au pied de l'autel de Bon-Encontre.

En 1617, Jeanne Pochet, fille de Pierre Pochet, bourgeois du Mas-d'Agenais, et de Catherine Cadenne, éprouva une fluxion qui se jeta sur l'œil gauche. Elle reçut pendant deux ans les soins des médecins. Ce temps écoulé, la prunelle de son œil devint noire et comme desséchée, et tout espoir fut perdu. La mère fit un vœu à Notre-Dame de Bon-Encontre, et conduisit sa fille à son autel. La douleur, auparavant continuelle, s'amortit; l'œil commença à revivre; et, quelques mois après, il fut aussi clair que l'autre. La mère reconnaissante conduisit de nouveau sa fille à Bon-Encontre, accompagnée de maître Pierre Pochet, chanoine de l'église collégiale de Saint-Vincent-du-Mas, oncle de la fille; de Jean du Bourg, marchand, du Port-Sainte-Marie, et de Jean Dubois. Les religieux voulurent s'assurer si réellement elle voyait de cet œil, qui avait été comme mort pendant deux ans. Des expériences furent faites en présence du sieur

Pierre de Ransse, seigneur de Plaisance, de Bernard Dulong, marchand, bourgeois d'Agen, et plusieurs autres.

Le 7 de septembre de la même année, Marie Royaume, épouse de Georges Martial, bourgeois de Damazan, déclara qu'elle avait reçu deux grandes faveurs de la mère de Dieu pour sa fille, devenue aveugle à l'âge de 18 ans. Par un premier vœu, elle avait obtenu sa guérison; mais elle manqua de la conduire à Bon-Encontre, selon sa promesse. Dieu permit, en punition de son ingratitude, que sa fille perdît de nouveau un œil par une chute entièrement imprévue. Ce châtiment lui remit en mémoire ses obligations. Elle eut encore recours à Marie avec un vrai désir d'être plus fidèle; et sa fille recouvra la vue. Jean Cassaigneau, Grégoire Reynaut, Mathieu Lasalle et Pierre de Sangla reçurent sa déposition.

Pierre Salignères, de la paroisse de Restaus, en la juridiction de Montesquieu, marinier de profession, ayant perdu la vue presque subitement, promit de visiter la chapelle de Bon-Encontre, d'y faire dire la messe et d'y communier, s'il obtenait sa guérison. Sa prière fut aussitôt exaucée. Il vint accomplir son vœu le

29 de mars 1618, et fit sa déposition en présence des religieux, de Michel Noguet, d'Antoine Rouges et Jean Baron, d'Agen, de Michel Guaise, de Jean Delquo, d'Antoine Nouguier, hôte de Bon-Encontre, et Jacques Morillon.

Jeanne Bergon, épouse Guytard, du lieu de Frespech, obtint une guérison presque subite pour son fils, prêt à rendre le dernier soupir. Elle avait promis de visiter tous les ans, les pieds nus, la chapelle de Bon-Encontre. Son mari, abusant de son autorité, l'empêcha d'acquitter son vœu. L'enfant fut frappé de nouveau. La mère, saisissant un moment favorable, arriva en toute hâte à Bon-Encontre, faisant porter à sa suite son pauvre enfant, épuisé par la maladie. A peine fut-il entré dans l'église qu'il se mit à marcher, donnant des marques d'un parfait rétablissement. Les témoins étaient nombreux. La déposition de la mère fut signée par MM. Florimond de Redon, assesseur criminel au siège présidial d'Agen; Guillaume Duburg, receveur général d'Agénois, Jean Fites, juge de Layrac; François Descuran, marchand; Antoine Vacqué, Jean Péchagut, et plusieurs autres. Le 29 de septembre 1619.

Jeanne de Clara, épouse de Jean de Castera,

menuisier, de Mirepoix, au diocèse d'Auch, par l'effet d'une paralysie, perdit l'usage d'un bras et d'un pied. Son mari fit un vœu pour sa guérison, et il fut exaucé. Elle visita la chapelle de Bon-Encontre. Maître Jean Fors, prêtre, Michel Nogue, Guiraud Nogue, Georges Molinier, signèrent la déposition des pèlerins. 1623.

Jeanne Bauzolles, veuve de maître Guillaume Garineau, d'Agen, avait une fille nommée Marie, qui, à l'âge de quatre ans, n'avait encore prononcé aucune parole. La peine de la mère était grande. Elle eut recours à tous les médecins, et même à celui de M. le prince de Joinville, qui se trouva passer à Agen ; mais tout fut inutile. Alors la mère fit porter sa fille à Bon-Encontre, la voua à Marie, au pied de son autel ; et à peine le divin sacrifice qu'on célébrait à son intention fut-il achevé, que l'enfant parla, comme peut parler un enfant de cet âge, mais avec une grande facilité. La guérison était subite ; elle frappa d'admiration plusieurs témoins. La déposition fut reçue par Lespinasse, notaire royal, en présence de Picot Galaup, Mathurin Soubiroux, Antoine Lacaze, Antoine Lisse, Jacques Fabre, tous d'Agen. 1623.

Marguerite Rustain, épouse de Bernard
Rivière, praticien, de Castera-Bouset, en Lectourois, fit un vœu pour obtenir la vie de son
fils, que la petite vérole avait conduit aux
portes de la mort. Ses prières furent exaucées;
et, cinq jours après, on entreprit le voyage de
Bon-Encontre. Maître Antoine de Bedat, prêtre et vicaire de Montgaillard en Lectourois,
chez qui l'enfant était pensionnaire, et Lizonne
Coste, frappés de sa guérison miraculeuse, se
crurent obligés de venir servir de témoins à
la déclaration que la mère en fit, en présence
des religieux, et de messire Marian Pereyel,
prêtre et vicaire de Saint-Victor, Crépin Trinque, marchand d'Agen, Jean La Coste, Bernard Preysat, Jean Fournés, Etienne La
Carrière. 1623.

Demoiselle Antoinette Merle, du Port-Ste-
Marie, obtint par sa prière la guérison de sa
cousine Bernardine Merle. En même temps
qu'elle faisait célébrer le saint sacrifice pour
elle, dans la chapelle de Bon-Encontre, la
malade ressentit l'effet de la protection de
Marie, dans une maladie qui ne lui laissait
aucune espérance d'en relever jamais. 8 de
septembre 1624.

La même année Jean d'Argelos, de Sérignac, fut guéri d'une terrible infirmité par
l'intercession de Marie. Il déclara sa guérison
en présence de M. l'official d'Agen, produisant
pour témoins Arnaud et Guillem d'Argelos, ses
enfants.

Jeanne Dalot, épouse de Noble Louis de La
Font, avait un fils, nommé Laurent, que la
mort était sur le point de lui enlever, malgré
les soins du sieur du Luc, médecin très-re-
nommé, d'Agen, et du sieur Filhol, chirurgien.
La mère eut recours à Marie; et, en peu de
jours, l'enfant revint en santé. La déposition
fut faite en présence de M. l'official d'Agen.
Les témoins furent : Rose Loubatery, veuve
de M. Dalot, aïeule maternelle de l'enfant, et
demoiselle Dalot, sa tante. 1624.

Guilhem Palasot, du village de Saint-Avit,
au diocèse de Lectoure, fils d'une veuve, née
Catherine Gardes, eut à un pied une tumeur
qui nécessita une opération. Elle fut faite par
Raymond d'Auriol, maître chirurgien de Lectoure. Mais la gangrène suivit, et une amputation parut indispensable. Alors la mère s'a-
dressa à Marie; et, quelques jours après, le
jeune homme fut assez fort pour faire à pied

le voyage de Bon-Encontre. Ce fut le 8 de septembre 1627. Sa déposition fut reçue par devant l'Espinasse, notaire royal, et signée par plusieurs témoins, entre autres Andraut, prêtre, Jean de Veilet, de Trinque et du Moulin.

Aimez votre frère ; car Dieu vous l'a donné pour ami, pour conseiller. Au jour de l'affliction, appuyez-vous sur son bras. S'il élève pour vous les yeux au Ciel, l'amour d'un frère est si agréable à celui qui a demandé que ses disciples n'eussent qu'un cœur, que sa prière vous obtiendra tout ce qu'elle aura sollicité. Un tel exemple est comme un parfum qui réjouit le cœur. François Botail, natif de Moissac, étudiait en théologie dans l'université de Toulouse. Ses études furent tout-à-coup interrompues par une grave maladie. « M. de Queirats, dit l'ancien historien (1), médecin, de Toulouse, également recommandable pour la pratique et pour la théorie, à qui les bons sentiments de la religion ne permettaient pas d'amuser ceux qu'il visitait de vaines espérances, lui dit ingénument que, si le Ciel ne

(1) Page 776.

faisait un miracle, la terre n'avait plus qu'un
sépulcre pour lui. La mort, avec laquelle les
jeunes gens sont moins aprivoisés, que ceux
que l'âge oblige de l'attendre, lui fit tant de
frayeur, qu'il se réfugia soudain aux pieds
de la Vierge sacrée, promettant, s'il échappait,
de visiter la chapelle de Bon-Encontre, et d'y
faire célébrer la messe en action de grâces,
de la faveur qu'il espérait recevoir de sa puissante main. Son frère, maître Jean Botail,
avocat au siége de Moissac, s'était mis en chemin, sur les nouvelles de cette maladie, avec
plus de crainte d'être obligé de rendre ses
devoirs à un frère défunt, que d'espérance de
l'assister dans son infirmité... L'amour de la
nature lui fit demander à Marie la même grâce
que l'agonisant demandait en son lit, à même
jour et sous les mêmes obligations qu'il mettait
à son vœu : si bien que leurs prières, montant
au Ciel par deux divers chemins, elles arrivèrent assez heureusement au trône de Marie,
pour obtenir ce qu'ils lui demandaient : car en
un moment, les signes de la mort se changèrent
en de meilleurs augures; et ces deux bons
frères ne se virent que pour se réjouir ensemble des nouvelles espérances qu'ils conçurent

de jouir plus long-temps des fruits d'une sainte amitié. Ils vinrent le 30 de juin de l'année 1627, pour accomplir leur vœu, et témoignèrent que ce n'était pas en ce seul accident que la Sainte-Vierge avait fait paraître qu'elle les prenait sous sa protection. L'épouse de l'avocat, Jeanne Pélissier, obtint plus tard la vie de son mari et d'un jeune enfant. » L'heureuse famille vint de nouveau à Bon-Encontre, accompagnée de plusieurs religieux qui servirent de témoins à la déposition. C'étaient : Gabriel de Moissac, Jacques Rotail, Alphonse de Toulouse et François de la Terrade.

En 1630, Marguerite de Lautier, épouse de M. Ardurat, avocat au siége de Moissac, avait une fille, âgée d'environ trois ans et demi. La fièvre continue ayant agité ce petit corps l'espace de huit jours, il survint un assoupissement léthargique; et la malade resta l'espace de cinq heures sans aucun mouvement. On lui appliqua des ventouses scarifiées, des vésicatoires et des frictions très-fortes; le tout sans succès. La mère désespérée a recours à Marie, promet de visiter sa chapelle, et aussitôt l'enfant reprend l'usage de ses sens, en donne des marques irrécusables; et trois jours après, elle

jouit d'une parfaite santé. La déposition de la
mère fut faite en présence de MM. Etienne de
Léger, avocat au siége d'Agen; Jean du Cros,
marchand; messire Julian Fraisse, recteur de
Saint-Pierre-de-Gaubert; Pierre La Bénasie,
écolier à Agen, et plusieurs autres.

La même année, Françoise Maens, épouse
de Pierre Bordes, habitant de l'Isle-Boson,
fut conduite aux portes de la mort par une
complication de maladies diverses et d'accidents. Elle eut recours à Marie, visita sa chapelle et revint en parfaite santé. Le sieur de
Castillon, recteur de l'Isle-Boson, qui l'avait
souvent visitée pendant sa maladie, et Jean
Laporte, maitre chirurgien, qui avait exécuté
le traitement, furent si frappés de cette guérison, qu'ils ne purent s'empêcher de la regarder
comme merveilleuse. Ils donnèrent leur attes-
tation par devant Me Caubon, notaire du lieu,
et confirmèrent la déposition de la mère et de
la fille devant plusieurs témoins, comme l'a-
vaient exigé les religieux de Bon-Encontre.

Demoiselle Gabrièle de Lasale, native d'Auvila, demeurant, lorsqu'elle fit sa déposition,
à Castelsarrasin, obtint la protection de Marie
pour Jean de Lasale, son neveu. Un flux de

sang avait conduit cet enfant, âgé de 9 à 10 ans, à une telle extrémité, que le sieur de Lafont, médecin d'Auvila, fut contraint de lui dire que sa vie était désespérée. La tante fit vœu de visiter la Chapelle de Bon-Encontre. La guérison suivit de si près sa prière, qu'elle ne put méconnaître la main bienfaisante qui la lui accordait. Elle fit sa déposition en présence d'Arnaud Sans, praticien d'Agen, Antoine Brousse, de Castelsagrat, et plusieurs autres. 1632.

Pierre Bernède, maître chirurgien de Muret, s'étant exposé cinq fois pour le service de ceux qui étaient atteints de la contagion, ne se servit jamais d'autre préservatif que de se vouer à Notre-Dame de Bon-Encontre ; et ce fut l'unique antidote qui le garantit autant de fois, parmi tant d'occasions et de causes de mort. Attesté le 14 août 1632.

La même année, Marie de Castan, épouse de M. Charles de la Sale, juge royal d'Auvila, ayant éprouvé une incommodité qui avait résisté à tous les remèdes, n'eut pas plutôt fait le vœu de visiter la Chapelle de Bon-Encontre, de se mettre pieds nus, aussitôt qu'elle la découvrait, et de présenter quelque offrande à

Marie, qu'elle se trouva entièrement soulagée.

Antoinette du Moulin, épouse de maître Jean Bigos, praticien de Condom, ayant éprouvé la protection de Marie dans un grand danger, vint lui en témoigner sa reconnaissance, à Bon-Encontre, au mois d'août de 1632, en présence de M. Soldadié, archi-prêtre de Belair, et de M. du Four, recteur d'Aurignac.

En 1634, une guérison remarquable excita une vive attention. Ce fut celle de noble Pierre de Bousquier, sieur de Gardebois. Une fièvre ardente et continue l'avait réduit à une telle extrémité, qu'il n'avait plus d'autres forces que celles que la frénésie, qui d'ordinaire accompagne ce mal, peut donner à un corps languissant. Bientôt on ne conserva plus aucun espoir. Demoiselle Marie de Moulères, voisine et amie de la famille, et que la charité retenait souvent auprès du lit du malade, le recommanda à la Sainte-Vierge. Elle promit pour lui, qu'il visiterait la chapelle de Bon-Encontre, ferait dire la messe en l'honneur de Marie, et y communierait en actions de grâces. « Ses lèvres (1), dit l'ancien historien,

_____

(1) Page 770.

avaient à peine achevé de prononcer ce vœu,
que le malade, passant d'une extrémité à l'autre, sans aucun milieu, crut se réveiller d'un
sommeil, et qu'une si violente maladie n'a-
vait été qu'un songe. Enfin cette guérison parut si pleine de merveilles, que le sieur Charles de Mauvaisin, médecin, de la religion
prétendue-réformée, se sentit même forcé de
confesser que la dureté de son esprit pour la
créance des miracles était contrainte de céder
à ses expériences, et que la Sainte-Vierge n'é-
tait pas si impuissante, ni son fils si jaloux,
que ses ministres lui avaient voulu souvent
persuader. Toutes lesquelles choses le sieur de
Bousquier jura et déclara être très véritables,
devant l'autel de la mère de Dieu, en présence
de messire Louis de Caillavet, prêtre, chanoine
du Mas-d'Agenais, maître Guillaume de Caillavet, procureur jurisdictionnel d'Aubiac, Jean
Goustaut, maître-maçon de Lectoure, qui signèrent sa déposition, attestée par la demoiselle de Moulères, qui voulut l'accompagner
en son pélerinage, le 16 juin 1634 ».

Antoine de Roux, maître-chirurgien de la
ville de Cahors, exposa sa vie pour servir les
pestiférés, à Souillac sur Dordogne. Il fut lui-

même atteint de la contagion et conduit aux portes de la mort. Il fut délivré par le vœu que fit son domestique, que, si son maître avait le bonheur d'échapper, il visiterait la chapelle de Bon-Encontre. 8 septembre 1634.

Le 8 de septembre 1634, la nombreuse assemblée des fidèles, réunie à Bon-Encontre, fut témoin d'un événement qui excita une admiration générale. Pierre du Trig et son épouse Jeanne de la Sale étaient venus solliciter la guérison de leur enfant, âgé de sept ans. Le jeune malade avait un bras et une jambe entièrement contournés. Depuis un an, ses parents sacrifiaient leur médiocre fortune en tentatives de tout genre; mais tout avait été inutile. Enfin le père et la mère tournent leurs yeux vers Bon-Encontre; c'est là leur dernière ressource. Ils y viennent avec leur enfant, la veille de la Nativité de Marie; passent toute la nuit en prières dans l'église, et, au point du jour, pendant qu'on célébrait le divin sacrifice, les membres de l'enfant reprennent leur position naturelle. Il se met à courir dans l'église en s'écriant qu'il est guéri. Plus de deux mille personnes étaient réunies à l'occasion de la solennité, et furent témoins du prodige. Plusieurs tinrent à grand honneur de servir de témoins; entr'autres : Messieurs Jean Daunefort, prêtre, docteur en théologie, du lieu de Caudecoste, Jean du Moulin, prêtre, prieur de Saint-Amant en Quercy, noble Antoine de Marácy, sieur de la Roquette, sergent au régiment des gardes en la compagnie de Monsieur de Tilladet, Guillem Maurin, de Saint-Hilaire, M. de Bourges, et plusieurs autres.

Etienne Tidal, de Saint-Clair de Roubilhon, avait un fils qui, à l'âge de sept ans, n'avait encore pu prononcer distinctement aucune parole. Il fit vœu de visiter la chapelle de Bon-Encontre. Marie donna à son fils le libre usage de la parole, quelques jours après; et le père reconnaissant vint faire sa déclaration au mois de juin de l'an 1634, en présence du sieur de Chaussencioux, de Bernède, habitant d'Agen, et de plusieurs religieux, prêtres, demeurant au couvent de Bon-Encontre.

Bernarde de Roche, veuve de Pierre de Mérens, du lieu de Donzac, perdit la vue à l'âge de cinquante ans. Elle fit vœu de visiter la chapelle de Bon-Encontre, recouvra l'usage de ses yeux, et vint faire sa déclaration, au mois de septembre 1634, en présence de noble

François Saraut, seigneur d'Augé, du sieur de Saint-Martin, de Bernard de Jean, docteur en droit, avocat au siége de Lauzerte ; de maître Jean Bernède, de Pierre Robert, de Valence ; qui tous signèrent la déposition, confirmée par la fille de la malade.

Marie opéra aussi des merveilles par l'entremise des Religieux, ses serviteurs ; mais c'étaient des merveilles qui s'opèrent sans cet éclat qui éblouit et que la plupart des hommes ne savent point voir : Aussi ne devons-nous pas les laisser dans l'oubli. Ces Religieux eurent à lutter contre l'erreur ; ils travaillèrent à la conservation de la vérité qui est la vie des peuples. Pour bien comprendre ce que nous leur devons, il faudrait avoir réfléchi sur l'histoire de cette époque et connaître les désordres dont elle fut affligée par suite de l'hérésie. Alors on verrait quelle est la puissance, pour le bonheur des peuples, du travail assidu et ignoré de l'homme qui s'est consacré à Dieu. Il serait facile de tracer le tableau des plaies qu'ils avaient à guérir dans la société ; il vaut mieux dire ce qu'est le Religieux, et on comprendra ce qu'il a pu faire.

» Il y a sur la terre, dit Ch. Sainte-Foi, des

hommes que Dieu a élus, et entre les mains de
qui il a remis toute sa puissance ; non la puissance de la justice qui punit, réprime ou châtie,
mais la puissance de sa miséricorde et de son
amour, qui réconcilie, pardonne et absout.
Pour se les consacrer irrévocablement, il les
marque d'un caractère divin que rien ne sau-
rait effacer. Pour les enchaîner comme des
captifs par le dévouement et la charité au service et au salut de leurs frères, il a rompu tous
les liens qui pourraient les retenir encore ailleurs, et il a voulu les arracher à la fois et au
monde qui pourrait les perdre, et à la famille qui
pourrait diminuer l'expansion de leur charité.
Allant plus loin encore, il a voulu détruire, en
quelque sorte, en eux, la partie la plus grossière de leur être, et soumettre tellement le
corps à l'âme qu'il ne pût être pour elle un
obstacle. Tout en leur laissant leur nature
d'homme, parce que ce sont des hommes qu'ils
doivent aimer et sauver, il a voulu en faire
des anges, et mettre entre leur chair et leur
esprit un abîme qu'ils ne peuvent franchir
que par un épouvantable sacrilège.

» Ces hommes, le monde les appelle prêtres
ou religieux ; le pécheur pénitent les appelle

pères, le juste les appelle frères, l'ignorant les nomme ses maîtres ; et les hommes qui ont perdu les biens de l'intelligence les appellent ambitieux, et les craignent, avec raison, comme les ennemis de leurs vices et des obstacles perpétuels à leur vie licencieuse. »

Avec cette puissance que donne le sacrifice des jouissances de la terre, les Religieux travaillèrent au bonheur des populations. Ils soutenaient dans la vertu, ils retiraient de l'abîme du vice, ils ranimaient ces âmes que la langueur avait inclinées vers la terre, comme ces plantes qui s'affaissent et se penchent, quand la racine n'apporte plus le suc qui les nourrit. Telles étaient les merveilles opérées par les Religieux de Bon-Encontre.

La renommée de leur zèle se répandit au loin. En 1659 les consuls, manants et habitants de Tournon adressèrent une supplique à M. l'Évêque d'Agen, pour obtenir la faculté d'élever un couvent dans leur ville, et d'y appeler huit ou dix Religieux de Bon-Encontre, afin d'arrêter les ravages de l'erreur et de ramener au bercail les brebis égarées. Nous avons toutes ces pièces sous les yeux.

Ces derniers détails, fournis par la reconnaissance envers la Reine du Ciel et le désir de voir son nom glorifié, terminent la série des mémoires authentiques qui nous restent. Les autres ont été perdus lors de l'expulsion des religieux. Marie cependant continua d'écouter ceux qui l'invoquaient; et nous avons pu voir de nos yeux des preuves de la constante protection de la Vierge. Pendant long-temps, l'usage fut de laisser dans l'église de Bon-Encontre un témoignage de la grâce qu'on avait obtenue. C'étaient quelquefois des présents emblématiques; d'autres fois du linge qui avait servi au malade, les potences qui avaient soutenu ses pas, et désormais inutiles; une robe blanche qu'une mère avait promis d'offrir, si son fils échappait à la mort; l'image d'un vaisseau, un tableau représentant un naufrage; et autres sortes de dons qu'inventait la piété reconnaissante. Toutes ces dépouilles formaient un beau trophée à la gloire de Marie. Leur vue ranimait la confiance, et parlait éloquemment à ceux qui entraient dans ce sanctuaire. Il est à regretter qu'on les ait fait disparaître, sous prétexte de propreté, de dessus le mur auquel elles étaient suspendues.

7

Elles ne choquaient point l'œil de Marie. Des drapeaux déchirés et poudreux, des armes brisées charment les regards du général victorieux, et annoncent sa gloire à tous ceux qui les voient. Désirons que cet usage salutaire, qui a servi à entretenir la foi de nos pères, soit remis en vigueur. Nous ne pouvons en douter, la foi obtient encore des prodiges au sanctuaire de Bon-Encontre. Pourquoi le fidèle, favorisé de quelque grâce signalée, ne la ferait-il pas connaître, avec toutes les précautions de la prudence. Le bienfait ne serait pas pour lui seul : d'autres aussi l'aideraient à payer le tribut de la reconnaissance. Nous engageons, autant qu'il est en nous, ceux qui liront cette notice, à seconder ce moyen de ranimer le culte de Marie. Le sanctuaire n'est plus servi par des religieux, chargés de recueillir les dépositions. Mais un prêtre, héritier de leurs fonctions, à Bon-Encontre, ainsi que de leur zèle, se fera une jouissance et un devoir d'inscrire, dans un registre, toutes les merveilles dues à la protection de Marie; il n'y met qu'une condition, c'est que l'évidence ou les témoignages les plus imposants rendront le fait proposé incontestable.

PIÈCES.

(NOTA : L'ancienne orthographe sera conservée.)

PREMIÈRE.

Lettres patentes accordées aux Religieux du Tiers-Ordre de Saint François, pour leur établissement dans l'église de Notre-Dame de Bon-Encontre-les-Agen, 25 juin 1611.

MARGUERITTE, *royne, duchesse de Valois, comtesse d'Agennois et Condomois*, à tous ceux qui ces présantes verront, SALUT ; sçavoir faisons que nous estant particulièrement informées par aucuns dévots personnages, nos spéciaux serviteurs, du grand nombre du peuple qui va ordinairement en dévotion et pélerinage en l'église et oratoire de Notre-Dame de Bon-Encontre, paroisse de Sainte-Radegonde-les-Agen, dépandant du domaine de notre dict comté, où attandu qu'il n'y a aucun prêtre rézidant sur le lieu, pour célébrer le service, on est constraint en faire venir du dict Agen et autres lieux circonvoisins, ce qui aporte grand incomodité aux vœux et dévotions d'ung chacung; A CES CAUSES et pour la parfaite cognoissance que nous avons des bonnes mœurs, pietté et intégrité de la doctrine et condition de nos chers et bien amés les Frères Religieux Pénitens réformés du Tiers-Ordre Sainct François, et désirant les gratifier et favorablement traiter, en ce qui nous sera possible, leur avons donné, acordé et concédé, donnons, acordons et concédons par ces présantes, en tant qu'à nous est, la dicte église et oratoire de Notre-Dame de Bon-Encontre et ce qui en dépent, leur promettant y faire batir, construire et édiffier ung couvent de leur ordre, affin d'y célébrer la Saincte Messe, faire prières à Dieu pour le roy notre très honnoré seigneur et pour la royne notre très honnorée dame et leurs enfans de France, l'estat et nous; prescher et endoctriner tant les habitans du dict lieu, circonvoisins, qu'aucungs y allant en dévotion et pélerinage, ensemble y exercer toutes les œuvres de piété et religion chrestienne, le tout à l'honneur de Dieu et salut des ames, et doresnavant en jouir et régir par eux, à perpétuité, selon la règle de leur ordre; cy prions et requerons le sieur Evesque d'Agen, justiciers et officiers de Sa Majesté qu'il apartiendra, mandons et commendons aux notres de l'effect et contenu cy dessus faire souffrir et laisser jouir et régir plainement et. paisiblement les dicts Frères Religieux Pénitents refformés du dict Tiers-Ordre Sainct François, sans permettre leur estre fait mis ou donné aucun trouble ou empeschement au contraire; en tesmoing' de quoy avons signé ses présantes de notre main, à ycelles faict apozer le scel de nos armes et contresigner par notre controlleur et conservateur de nos commendements et finances. Donné à Paris le vingt cinquiesme de juing l'an de grace mil six cents onze, *signé* MARGUERITTE, et au dessous, par la royne Margueritte, PHILETIN, et scellé du scel de Sa Majesté, en cire rouge, queue pandant.

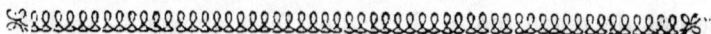

DEUXIÈME.

Lettres de CLAUDE GELAS, ÉVÊQUE D'AGEN, *contenant don de la Chapelle de Bon-Encontre aux Religieux du Tiers-Ordre Saint François, juillet* 1611.

———

CLAUDIUS GELAS, Dei gratia et Sanctæ Sedis Apostolicæ authoritate Episcopus et comes Aginensis, Christianissimi Domini nostri in suis *estatus* et Senatorii consilii consiliarius, universis præsentes litteras inspecturis salutem in Domino. Cum serenissima regina Marguarita Valesis, comitissa Aginnensis, magno devotionis affectu, fratribus pœnitentibus congregationis tertiorii ordinis Beati Francissi facultatem concesserit monasterium edifficandi prope Capellam Beatæ Mariæ nuncupatam de Bon-Encontre in suo comitatu et diœcesi nostra constructam, nec tamen prædicti fratres hoc tantum bonum opus agredi possint sine nostra licentia, prius obtenta, ipsiusque Capellæ donno, pro quibus fuit nobis etiam ab ipsis supplicatum, nos, qui eam curam et cogitationem, pro suscepti muneris officio, incumbere proposuimus ut nihil prætermittamus quod ad Dei honorem et cultum, pietatem ac populi edifficationem pertinere videbimus, post quam nobis constitit fratres religiosos esse optimis moribus præditos, devotissimos ac regularum monastissæ disciplinæ observantissimos, atque ecclesiæ catholicæ non parum utiles, ujus modi suplicationibus inclinati, dictam.

Capellam Beatæ Mariæ de Bon-Encontre prædictis fratribus pœnitentibus congregationis tertii ordinis Beati Francisci donnamus, ut prope illam monasterium ediffi- cent ibique pie ac religiose secundum obstatus sui or- dinis et regulas a summis pontificibus aprobatas et in ecclesia receptas comorentur et vivant, jure tamen nos- tro et quolibet alieno in omnibus semper salvo; in quo- rum fidem his præsentibus litteris manu propria subs- cripsimus easque per secretarium nostrum signaculoque nostro muníri jussimus. Datum Parisis, die prima men- sis julii, anno Domini millesimo sexentesimo undecimo; *signé*, CLAUDIUS, Episcopus Aginnensis; *et plus bas :* est escript : De mandato Reverendissimi Domini dicti epis- copi et comitis Aginnensis, *Villiers,* secrétaire; et scellé du sceau du dict seigneur, en cire rouge.

TROISIÈME.

Lettres de **LOUIS XIII**, *confirmant le don de la Chapelle de Bon-Encontre aux Religieux de Saint François, juillet* 1611.

LOUIS, par la grace de Dieu, roy de France et de Navarre, à tous présens et advenir, SALUT. Désirant, pour l'advancement et propagation de la piété et foy catholique, advencer les ordres des religieux qui par leurs prédications, bonnes œuvres et vie exemplaire servent à l'édiffication des mœurs et conciances de nos subjets, et estant particulbièrement informés par notre tres chère tante, la royne Margueritte, de la grande dévotion qui est ordinairement en l'église et oratoire de Notre-Dame de Bon-Encontre-les-Agen, dependant du dommaine de notre tante, et du grand nombre du peuple qui y va en pelerinage, ou ils sont incommodés en leurs vœux, pour n'y avoir aucuns ecclésiastiques, rezidant sur les lieux, pour célébrer le service divin, ce qui aurait ocasionné notre tante a acorder a nos bien amés orateurs, les Frères Pénitents Refformés du Tiers-Ordre Saint François, la dicte église et oratoire Notre-Dame de Bon-Encontre et ce qui en dépend, pour y faire bastir, construire et ediffier ung couvent de leur ordre, affin de célébrer la Saincte Messe, faire prières à Dieu pour nous, la royne notre tres chère et tres honnorée dame et mère, nos tres chers et tres honnorés frères et sœurs, notre dicte tante, princes de notre sang et nos estats; ensemble y exercer toutes œuvres de pietté et religion chrestienne, prescher et endoctriner nos subjets, le tout à l'honneur de Dieu et salut des ames. A ces causes, désirant gratiffier et favorablement traiter les dicts Frères Pénitents Refformés du dict Tiers-Ordre Sainct François, et leur continuer la même bienveillance que leur aurait tousiours porté le feu roy, Henry le Grand, de tres louable mémoire, nostre tres honoré seigneur et père, que Dieu absolve, et atandu mesme qu'ils n'ont aucung couvent en notre païs de Guienne, pour vaquer à leurs estudes de theologie, prédications et autres exercices spirituels, et pour le fruit et comodité qu'en recevront nos dicts subjets, en l'accomplissement de leurs susdits vœux et dévotion, et après avoir fait à notre conseil ce que dessus, Nous de l'advis d'iceluy et de la royne, notre dicte et tres honorée dame et mère, de notre grace speciale, science certaine, plaine puissance et authorité royale, louant et aprouvant les prières de notre dicte tante, y attachons sous le contre-scel de notre....... (1), et confirmant ycelles, Avons aux Frères du dict Tiers-Ordre Sainct François donné et octroyé et concédé, donnons, octroyons et concédons par les présentes signées de notre main, la dicte église et oratoire de Notre-Dame de Bon-Encontre et ce qui en dépend pour en jouir et régir doresnavant par eux, à perpétuité, suivant et conformément aux vœux de notre dicte tante, et approbation et consantement de notre amé et feal conseiller en notre conseil d'estat, évesque d'Agen,

(1) Ici le mot ne peut se lire.

7.

aussi sy attaché. Cy donnons en mandements à nos amés et féaux conseillers les gens tenant la cour et parlement de Bordeaux, séneschal d'Agenois, son lieutenant et aultres, nos justiciers, et officiers qu'il apartiendra, ils fassent souffrent et laissent les dits Religieux du dict Tiers-Ordre Sainct François jouir et régir plainement et paisiblement suivant les statuts du dict ordre, obstant et déboutant des dicts lieux que dessus toutes personnes layes, et autres illicites détentions non obstant opposition ou appellations quelconques pour lesquelles, et sans préjudice d'ycelles, nous ne voulons estre différé, car tel est notre plaisir ; et, affin que ce soit chose ferme et stable à tousiours, nous avons fait mettre notre scel aux susdictes présantes. Donné à Paris au mois de juilhet, l'an de grace mil six cent onze, et de notre règne le deuxième, signé Louis ; et sur la requeste, par le roy, la royne régente sa mère présante, et plus bas, Potier. Enregistré suivant l'arrest de la cour ; donné à Bordeaux en parlement le sixième jour de mars mil six cents douze, signé De Pontas.

QUATRIÈME.

Consentement des CONSULS *et* JURATS D'AGEN, *sur l'établissement des Religieux du Tiers-Ordre, à Bon-
Encontre, août* 1612.

———

Dans la ville et cité d'Agen et maison commune d'i-
celle, ce jourd'hui dix huitième du mois d'aoust, mil
six cent douze, après midi, où messieurs maîtres Guillaume Maurés, advocat en la cour de parlement, Raymond Camus, docteur en médecine, Siries Pierre, juge,
Bernard Cambefort, Michel Sire et Arnaud Laboyrie,
consuls, étoient assemblés, pour y traiter de certaines
affaires publiques ; et y auroient à ces fins appelé leur
Jurade, à la forme accoutumée, à la quelle se seroient
trouvés Messieurs maîtres Jean de Cambefort, vieux,
advocat en la cour présidiale du dit Agen, Jean de Lan-
das, aussi advocat, Estienne Baülac, capitaine, Claude
Allot, trésorier du domaine d'Agennois, Jean Foureau,
greffier, Dappeaux Jean Singlande, aussi advocat, Bernard Corne, Jean de Vigouroux, docteur en médecine,
Jean Laborde, jeune, Jean Duluc, docteur en médecine,
Jean de Bienassis, jadis notaire royal, Geraud de Las-
cazes, sindic, Bernard Verdul, Jean Sabaros, advocat
en la cour, Pierre de Rance, escuyer, sieur de Plaisance,
François Destrades, escuyer, de Segoingnac et de Bon-
nel, gentilhommes ordinaires de la chambre du roy, Mi-

chel Baulac, jadis procureur, et Pierre de Latour, escuyer, sieur de Fontiron, les bons bourgeois et Jurats de la dite ville, de la quelle dite assemblée Révérend Père Vincent Mussard, Gardien et Custode du couvent Notre-Dame de la Paix, en Toulouse, Religieux du Tiers-Ordre Saint François, assisté du Père Barthélemy de Troyes, du dit Ordre, estant averti, se seroit rendu dans la maison commune, où estant dans la chambre du conseil, où les dits sieurs Consuls et Jurats estoient assemblés, leur auroit dit et remontré ce que s'en suit.

(Nous avons rapporté le discours dans l'histoire.).

Armes d'Agen.

~~Rececececececececececececececececececececececececececececececececece~~

CINQUIÈME.

Lettres de Jules MASCARON, *Évêque et comte d'Agen, contenant don de la Chapelle de Bon-Encontre aux Religieux du Tiers-Ordre de Saint François, juillet* 1687.

————

Julius, permissione divinâ et sanctæ sedis apostolicæ gratiâ Episcopus et comes aginnensis, nec non Regi à conciliis et sacris concionibus, universis præsentes litteras inspecturis salutem et benedictionem in Domino.

Non charitati modo, quæ urget nos, sed æquitati maximè consentaneum duximus, ut strenuis ministris qui, in partem sollicitudinis nostræ vocati, egregiam circa spiritualia in diœcesi nostrâ navant operam, ea omnia commoda procuremus, quibus post evangelicos labores tantisper recreari, et recreati, ad opus ministerii ad quod assumpti sunt vegetiores accedere possint. Cum itaque perspectum habeamus quam uberes pietatis fructus diœcesis nostra aginnensis, ac imprimis civitas nostra episcopalis percipiat ex frequentatione sacræ capellæ quæ Beatæ Mariæ de Bono-Occursu vulgò nuncupatur, unà circiter leucâ a prædictâ civitate distantis; in quâ quidem fratres congregationis pœnitentium Tertii Ordinis Sancti Francisci, episcopali et regiâ authoritate, nec non cum consensu Aginnensium fundati et dudum stabiliti, Deo sub auspiciis sanctissimæ Deiparæ diu noctu que deserviunt, et pietatem fidelium fovent, tum verbi,

tum sacramentorum administratione, tum sacrificii in-
cruenti oblatione frequenti, ad omnia solatia peregrinis
sacram ædem, religionis causâ invisentibus, præstanda
paratissimi, quæ quidem sine magna tum presbyterorum
tum fratrum numero impleri non possunt; æquum est
ut, si quæ in tam sancta et laboriosa exercitatione occur-
runt incommoda, ea penitus removere studeamus.

Cum igitur frater Bernardus ex insula Jordanis, pro-
vinciæ sancti Elzearii minister provincialis, et frater
Amabilis Riomensis ex provincialis, nomine totius pro-
vinciæ sancti Elzeari prædictorum fratrum pœnitentium
Tertii Ordinis Sancti Francisci, libello supplici porrecto,
nobis humiliter exposuerint fratres suos, in conventu
nostræ Dominæ de Bono-Occursu degentes, cum in loco
plane rurali omnique auxilio destituto constituti sint,
quotidie adigi ad petenda ex urbe auxilia, ut victui pro-
videatur, ut vestibus comparetur, ut remedia coemántur,
quod non sine tœdio et labore, sine proventus diminu-
tione non parva, et temporis dispendio maximo fieri non
potest; quodque præ cœteris dolendum est, maximum
pietati et spiritui vocationis sanctæ inde damnum infer-
tur, cum diu noctuque inter sæculares, qui non sapiunt
quæ Dei sunt, fratres vagari et colloqui cogantur, et
pestilenti hujus sœculi habitu pene perfusi, ad monasterium redeunt; nos, his rationibus moti et precibus inclinati, tantis incommodis mederi cupientes, votisque totius civitatis aginnensis, quæ jam a multis annis prædic-
tos fratres in civium numero censuit, annuentes, ad honorem Omnipotentis Dei, prædictis fratribus licentiam
authoritate nostra episcopali concedimus hospitium cons-

tituendi in dicta civitate nostra cathedrali , ibique oratorium publicum Deo , sub invocatione Beatæ Mariæ de
Bono-Occursu dictæ , erigendi et consecrandi, dantes illis
facultatem in dicto oratorio officia divina , missas etiam
publice celebrandi , Evangelium annuntiandi , fideles pœ-
nitentes et confessos a peccatis suis , cum approbatione
nostra , absolvendi , ægrotos , cum ab illis advocabuntur,
visitandi et consolandi , et omnia alia auxilia spiritualia
fidelibus præstandi , prout charitas et Ecclesiæ præcepta
ac consuetudo exegerit. Quia tamen hanc quam dictis
fratribus concedimus gratiam et facultatem bene ordina-
tam , et nulli volumus esse onerosam , intentionis ac vo-
luntatis nostræ esse declaramus , quod in dicto hospitio
non possint commorari ac residere plus quam sex Patres
dicti ordinis ; quodque Congregatio, in capella Beatæ
Mariæ de Bono-Occursu stabilita, victum , vestitum ,
remedia ac auxilia omnia dictis fratribus , in dicto hospitio commorantibus , sanis et infirmis , suis sumptibus,
prout illis opus erit , semper subministrabit , et in omnibus salva et libera erunt jura omnia temporalia ac spiritualia , circa dictos fratres , parocho parochiæ , in qua
dictum hospitium et oratorium erigetur ; tum circa om-
nes alias Religiosorum Congregationes hujusce civitatis
aginnensis , nec non ea omnia quæ authoritatem et digni-
tatem nostram episcopalem de jure et consuetudine de-
cent. In quorum fidem his præsentibus litteris manu propria subscripsimus , eas que nostro sigillo episcopali , et
secretarii nostri chirographo muniri et expediri jussimus.

Datum in castro nostro Montisbrani , prope Aginnum ,

die sexta mensis Julii, anni Domini millesimi sexcenti‑
simi octogesimi septimi.

JULIUS , *Episcopus et Comes aginnensis ;*

De mandato Illustrissimi et Rever endissim
D. D. mei Episcopi ,

Belac , *secretarius.*

Armes de Jules de Mascaron.

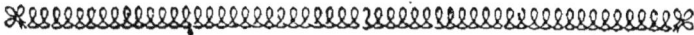

SIXIÈME.

Consentement de M. le Curé de Saint Etienne, *pour l'établissement d'un hospice des Religieux du* Tiers-Ordre Saint François, *sur sa paroisse. Juillet* 1687.

———

Dans la ville et cité d'Agen, ce jonrd'hui dix-septième du mois de juillet mil six cent quatre vingt-sept, après midy, régnant nostre souverain prince Louis, par la grace de Dieu, roy de France et de Navarre, par devant moy notaire royal du dit Agen, soubsigné, présent les témoins bas nommés; ont été présents et constitués en leurs personnes M. maître Herman Joseph de Sivin, prêtre, docteur en théologie, curé de la paroisse de Saint-Estienne, de la présente ville, y habitant, d'une part; et les RR. pères Bernard de l'isle Jourdain, provincial des religieux du Tiers-Ordre Saint-François, de la province de Saint-Elzéar, en Guienne, et Amable de Riom, ex-provincial du dit ordre et province, d'autre part. Entre lesquels a esté dit que Monseigneur l'illustrissime et révérendissime Jules de Mascaron, évêque et comte d'Agen, voulant pourvoir aux incommodités que souffrent les religieux du mesme ordre de la communauté de Notre-Dame de Bon-Encontre par leur esloignement de cette ville d'Agen leur avoit permis d'avoir un hospice dans la dite ville, dans le quel ils peussent faire soulager leurs malades, y retirer leurs religieux, selon les besoins et nécessités de ladite

communauté de Bon-Encontre, avec pouvoir de bastir et
ériger au dit hospice une chapelle publique, dans la quelle
pour édification et utilité du public, ils pourront faire
leurs exercices réguliers, dire la messe, prêcher, confesser
et faire tous les autres offices de piété ; et pour cet effet
les dits rév. pères auroient achepté l'ancienne maison du
séminaire de cette ville ; et d'autant que la dite maison
est dans la paroisse de Saint-Etienne, les rév. pères auraient prié le dit sieur Sivin, curé de la dite paroisse, d'y
vouloir consentir et accepter l'offre qu'ils lui font de le
servir et soulager dans les fonctions de sa charge, en ce
qu'il lui plaira les employer, selon leur estat et profession,
avec assurance et protestation que les dits religieux lui
rendront en toutes choses et en toutes sortes d'assemblées,
convois et sépultures qui se feront à l'avenir dans la chapelle de leur hospice, tous les honneurs, droits, préroga-
tives qui lui sont dues, en la dite qualité de curé, et à ses
successeurs en la dite cure, selon l'usage et pratique du
diocèse et de la présente ville, ainsi que les autres religieux.
A quoy le dit sieur Sivin a consenti, comme il consent par
ces présentes, et que les dits religieux résident dans le
dit hospice, ainsi qu'il a esté réglé par mon dit seigneur
évesque ; administrent dans leur chapelle le saint Sacrement de Pénitence et Eucharistie, mesme qu'ils reçoivent
dans leur chapelle tous les obits, fondations et sépultures
de leurs bienfacteurs, ainsi que les autres religieux de
cette ville, dans leur église, soubz la réservation néanmoins de tous les droits qui sont deubz et attribués au
sieur de Sivin, en la dite qualité de curé, et à ses successeurs à la dite cure, comme il se pratique avec les au-

tres religieux des monastères de la dite présente ville ; et
ainsi a esté convenu , réglé , stipulé et accepté respecti-
vement par toutes parties , lesquelles , chacune en ce qui
les concerne, ont promis le tout entretenir , et ne venir au
contraire ni directement ni indirectement , à peine de tous
dépens , dommages et intérêts. Fait et passé en présence
de Jean Thibaut, praticien, et Guillaume Lacombe, clerc,
du dit Agen , y habitant , et moi ainsi signé à l'original.—*Suivent les signatures et mêmes noms que dessus.*

GRAND, notaire royal.

Saint Etienne. (Vignette du temps.)

SEPTIÈME.

Acte de Jurade *de la ville d'Agen, pour l'établissement de l'hospice des Religieux Pénitents du Tiers-Ordre de Saint François dans ladite ville. Août 1687.*

Jurade du mardy cinquième aoust, mil six cent quatre vingt sept, convoquée par Messieurs de *Nargassier*, de *Cambes*, *Douzon de Lalande*, *Bussière* et *Monbet* consuls,; à la quelle ont assisté Messieurs de *Ratier* l'ainé, *Sabourous*, père, *Ducros*, conseiller, *Duluc*, *Daurée*, *Rangouze*, *Daunefort*, *Bienassis*, *Fleury*, *Saint-Amans*, *Sabourous*, fils, *Flouret*, *Lagarde*, *Champier*, *Lafaige*, *Bory*, *Carton*, *Marchand*, *Serres*, *Carton* l'ainé, *Muraille*, *Beaulac*, *Fauré de Lagarde*, *Lussanet*, *Gardés*, *Andrieu*, *Lacroix*, *Daubas*, *Lescases*, *Momin*, *Chabassier*, *Lamouroux*, *Champmartin*, *Meric* et *Clarens*, jurats;

Par le dit sieur de Nargassier, premier consul a été représenté que les R. R. pères Religieux pénitents du Tiers-Ordre de Saint François, de la province de Saint-Elzear en Guienne, ont présenté leur requête à Messieurs les consuls et jurade aux fins qu'il leur plaise leur permettre de faire un hospice dans la présente ville, dans l'ancienne maison du Séminaire qu'ils ont acheté, sans qu'à raison du dit établissement ils entendent n'y prétendent etre à charge a la ville, en aucune manière, renonçant pour cet effet a tout droit de queste dans cette ville , et leur couvent de Bon-Encontre s'obligeant pour cela même de fournir à l'entretien et subsistance du dit hospice qu'ils désirent établir , dont ils ont déja obtenu le decret de Monseigneur l'Evêque , aux susdites conditions, ainsi qu'il est amplement porté par la dite requeste.

Résultat.

La Jurade , après avoir ouï la lecture , a délibéré d'une commune voix qu'elle consent à l'établissement du dit hospice , aux conditions portées par la dite requête , dont copie sera cy après insérée , et l'original remis dans les archives de la présente communauté et notamment avec cette condition, qu'ils ne pourront acquérir aucune maison dans la présente ville outre que celle qu'ils ont déja acquise pour leur dit hospice , et que pour l'assurance des conditions de leur requète et autres , ils remettront entre les mains de Messieurs les Consuls un acte du définitoire général en bonnes et deues formes , portant l'approbation des susdites conditions , et obligation de les entretenir ; sans quoi le corps de ville n'aurait accordé le dit établissement.

Signés : *les mêmes que dessus.*

HUITIÈME.

Lettres Patentes de LOUIS XIV, *pour l'établissement de l'hospice des Religieux du Tiers-Ordre dans la ville d'Agen. Février* 1696.

LOUIS, par la grâce de Dieu, Roi de France et de Navarre, à tous présents et advenir, SALUT : Nos chers et bien-aimés les Religieux pénitents du Tiers-Ordre Saint-François, de nostre province de Guienne, nous ont très-humblement fait remontrer qu'ils ont un couvent, appelé Notre-Dame de Bon-Encontre, à plus d'une lieu de la ville d'Agen, en un endroit champêtre, où il y a une grande dévotion ; lequel couvent est establi en conséquence des lettres du feu Roy, nostre très-honoré Seigneur et père, l'année mil six cent douze, et qu'ils ont pour le dit couvent un hospice depuis très-long-tems dans la dite ville où il se tient quelque Religieux, cela estant très-nécessaire pour la dite communauté de Bon-Encontre, servant, tant pour les malades du dit couvent qu'on y transporte souvent afin d'estre mieux secoureux, que pour la retraite de ceux qui sont obligés de venir dans la dite ville pour toutes les choses convenables au dit couvent ; d'autant plus qu'il y a beaucoup de temps de l'année qu'ils ne peuvent venir et retourner en un jour, lorsque les chemins sont fort mauvais, et ne pouvant faire en si peu de temps les affaires dont ils sont chargés pour la sub-

sistance du dit couvent; comme aussi ils nous auraient
fait représenter qu'ils ont acquis depuis quelques années
l'ancien séminaire du diocèse d'Agen, en ayant esté bati
un nouveau, et ont changé à cette occasion le lieu où
était ledit hospice, ont payé les droits d'amortissement
pour cette acquisition, et nous suppliaient très-humblement de leur accorder des lettres patentes pour la confirmation dudit hospice, tant à cause que suivant nostre
édit de mil six cent soixante-six, concernant l'establissement des communautés religieuses, les hospices mêmes doivent être confirmés par des lettres patentes; que
par un autre édit du mois d'avril mil six cent nonante
trois, nous avons ordonné la même chose pour les trans-
lactions d'un lieu ou d'une maison avec une autre; à
ces causes et autres à ce nous mouvans, désirant gratifier et favorablement traiter les dits Religieux qui ont
pour la confirmation du dit hospice le consentement de
nostre amé et féal conseiller en nos conseils le sieur
Evêque d'Agen, et celui des habitants de la dite ville,
et contribuer d'autant plus à l'affermissement du dit couvent de Nostre-Dame de Bon-Encontre, nous avons, de
nostre grâce spéciale, pleine puissance et authorité royale,
approuré, autorisé et confirmé, et par ces présentes,
signées de nostre main, approuvons confirmons et autho-
risons l'establissement du dit hospice, dans nostre dite
ville d'Agen, pour le couvent de Nostre-Dame de Bon-
Encontre; lequel hospice demeurera toujours sous l'administration du gardien du dit coüvent, sans qu'il puisse
estre establi, pour le dit hospice, qu'un supérieur sous la
dépendance du dit gardien; et sans que le nombre des

Religieux qui y seront puisse être plus grand que de six prestres. Si donnons en mandement à nos amés et féaux les gens tenant nostre cour de parlement de Bourdeaux, et à tous autres justiciers et officiers qu'il appartiendra, que ces présentes ils fassent registrer, et de leur contenu jouir et user les dits supplians et leurs successeurs pleinement, paisiblement et perpétuellement, cessant et faisant cesser tous troubles et empêchements au contraire; car tel est nostre plaisir. Et afin que ce soit chose ferme et stable à toujours, nous avons fait mettre nostre scel à ces présentes.

Donné à Versailles au mois de février, l'an de grace mil six cent quatre-vingtz seize, et de nostre regne le cinquante troisième.

LOUIS.

Par le Roy : PHELYPEAUX.

————

O Marie, conçue sans péché, priez pour nous qui avons reccurs à vous!

J. M. J.

FIN.

BIBLIOTHEQUE NATIONALE DE FRANCE

3 7531 02477721 2

www.ingramcontent.com/pod-product-compliance
Lightning Source LLC
Chambersburg PA
CBHW072102080426
42733CB00010B/2185